O QUE ESSE MENINO TEM?
Sobre alunos que não aprendem e
a intervenção da psicanálise na escola

O QUE ESSE MENINO TEM?
Sobre alunos que não aprendem e
a intervenção da psicanálise na escola

Ana Lydia Santiago
Raquel Martins de Assis

Coleção BIP
Biblioteca do Instituto de Psicanálise

As pessoas não percebem muito bem o que querem fazer quando educam. Tentam, assim mesmo, ter uma pequena ideia, mas raramente refletem sobre ela.

O sinal de que, não obstante, há alguma coisa capaz de os inquietar, pelo menos de tempos em tempos, é que às vezes são tomados por alguma coisa de muito particular, que só os analistas para conhecerem bem, isto é, a angústia. Eles são tomados pela angústia quando pensam no que consiste educar. Contra a angústia, há um monte de remédios, em particular certo número de "concepções do homem", do que seja o homem. Isso varia muito, a concepção que se pode ter do homem, embora ninguém o perceba. (...)

É disso que se ocupam os analistas, de modo que, ao contrário do que se acredita, eles são muito mais confrontados ao real que os próprios cientistas. Eles só se ocupam disso. São forçados a sofrê-lo, isto é, esticar as costas o tempo todo. Convém para esse fim que estejam excepcionalmente couraçados contra a angústia.

Jacques Lacan

© Relicário Edições
© Ana Lydia Santiago, Raquel Martins Assis

CIP –Brasil Catalogação-na-Fonte | Sindicato Nacional dos Editores de Livro, RJ

M545
    O que esse menino tem? : sobre alunos que não aprendem e a intervenção da psicanálise na escola / Ana Lydia Santiago ; Raquel Martins Assis. 2ª edição - Belo Horizonte : Relicário Edições, 2018
    100 p. (Coleção BIP – Biblioteca do Instituto de Psicanálise)
    Inclui notas

    ISBN: 978-85-66786-82-8

    1. Psicanálise. 2. Educação especial. I. Santiago, Ana Lydia. II. Assis, Raquel Martins.

CDD 150.195
CDU: 159.964

COLEÇÃO BIP – BIBLIOTECA DO INSTITUTO DE PSICANÁLISE
DIREÇÃO Ana Lydia Santiago

CONSELHO EDITORIAL

António Beneti
Elisa Alvarenga
Francisco Paes Barreto
Sérgio Laia

COORDENAÇÃO EDITORIAL Maíra Nassif Passos
CAPA Ana C. Bahia
DIAGRAMAÇÃO Caroline Gischewski
REVISÃO Lucas Morais

RELICÁRIO EDIÇÕES
www.relicarioedicoes.com
contato@relicarioedicoes.com

SUMÁRIO

Apresentação 9

Introdução
A *DESSUPOSIÇÃO* DE SABER NA ESCOLA:
ALUNO-PROBLEMA E OUTRAS NOMEAÇÕES 15
    Ana Lydia Santiago

I.   ALUNO LUNÁTICO OU AUGUSTO: *"TENHO MEDO DO ESCURO"* 23
    Ana Lydia Santiago e Raquel Martins de Assis
    Conversação diagnóstica: O que a escola sabe do sintoma de Augusto? 23
    Leitura do sintoma: nomes e discursos na abordagem do fracasso escolar 27
    Entrevista clínica: do sintoma do Outro ao sintoma do sujeito 31
    Nova entrevista clínica: o que se inscreve de singular na escrita 35
    Intervenção pedagógica sobre a defasagem escolar 38
    Conversação devolutiva do estudo de caso: releitura do sintoma Augusto 39

II. MENINA IMATURA, INFANTIL OU ARIANE: *"BONECA DA MAMÃE"* 41
    Ana Lydia Santiago
    A família e o social na explicação do fracasso escolar 42
    A que soluções pedagógicas recorrer? 43
    Entrevista clínica: "saída" da posição estática 45
    Intervenção pedagógica: da alfabetização ao letramento 48

III. DÉFICIT COGNITIVO E DISTÚRBIO DE CONDUTA OU ARISLEY: *"É SÓ JUNTAR LETRAS E VER O QUE VAI DAR"* 51
    Ana Lydia Santiago
    Versões da causa do sintoma na escola 52
    Os impasses da criança: doenças e nomes 55
    O enigma do sujeito com o nome próprio: a diferença
    captada no real do corpo 57

IV. ABACAXI OU BEATRIZ: "POSSO SER MUITA COISA" 61

Ana Lydia Santiago e Raquel Martins de Assis

Entrevista clínica: a incógnita da sexualidade na Matemática 62

Intervenção pedagógica: rumo ao indeterminado 64

Antes e depois do embargo à inibição: a reinserção na escola 66

V. DOIDO INTELIGENTE OU BENÍCIO: "RECUSO O QUE ME OFERECES, POIS NÃO É ISSO" 67

Ana Lydia Santiago

Entrevista clínica: falar do sintoma faz despertar 69

Tratamentos para a recusa a copiar 70

Sobre o sintoma apenas o sujeito ensina 74

VI. UM CASO DE DEFICIÊNCIA INTELECTUAL OU HELENA: "[...] TENHO QUE PENSAR NO QUE VOU ESCREVER?" 77

Ana Lydia Santiago

Entrevista clínica: emergência do ritornelo 78

Intervenção pedagógica: na escrita, dissociação
entre pensamento e ação 81

VII. "EDUARDO BRUNO VAI SER DOUTOR?" OU O FILHO QUE SE TORNOU UM ENIGMA PARA OS PAIS 85

Ana Lydia Santiago e Raquel Martins de Assis

Entrevista clínica: Médico ou advogado? "Eu gosto mesmo
é de caminhões!" 85

O pai: seu saber e suas questões 87

O filho em cena: propostas novas e concretas 91

Notas 99

APRESENTAÇÃO

Este livro surgiu do desejo de divulgar possíveis ações do psicanalista no campo da Educação, por meio de intervenções propostas por Ana Lydia Santiago, que se baseiam na teoria da inibição intelectual e na prática de aplicação da psicanálise designada Clínica Pragmática[1]. Tais ações visam, essencialmente, a destrinchar o sintoma do fracasso escolar ou, mais precisamente, incidir sobre formas sintomáticas que se manifestam em crianças e jovens durante a trajetória escolar e resistem a quaisquer intervenções pedagógicas implementadas, a ponto de inviabilizar, muitas vezes, a própria escolaridade.

É preciso considerar, neste trabalho, os psicanalistas "como um objeto nômade e a psicanálise como uma instalação portátil, suscetível de se deslocar para novos contextos e, em particular, para as instituições"[2]. Os casos discutidos na presente obra demonstram a possibilidade de haver um lugar analítico nas instituições escolares, a que, quando ocorre, se designa, de acordo com proposta de Jacques-Alain Miller, *Lugar Alfa*.

O *Lugar Alfa* não é um lugar de escuta, mas de respostas. Pela mediação do psicanalista, o falar à toa revela sentidos novos, em que se inclui o saber do inconsciente. Um lugar de respostas é, portanto, aquele em que, pelo falar livre, se produz uma mutação. Por intermédio do psicanalista, "o falar assume a forma de questão e a própria questão, a forma de resposta"[3], uma resposta diferente da que, até então, era possível. Pode ser que surja algo novo, no ponto em que, antes, havia um impossível de se dizer, uma inibição, um medo ou qualquer outra resposta sintomática que, para se expressar, engendrou uma barreira ao saber, um fechamento à aprendizagem.

Nos casos estudados, evidencia-se que "os efeitos psicanalíticos propriamente ditos se produzem no seio de contextos institucionais, não importando o quanto esses contextos autorizem a instalação de um lugar analítico"[4]. Operadores do *Lugar Alfa* em escolas, os psicanalistas tentam provocar, em encontros pontuais com cada sujeito, a emergência de um novo saber relativo ao inconsciente, que favoreça a reconexão com a realidade social. Nesse contexto, esses profissionais "estão em conexão direta com o social, encarnam eles próprios o social e restabelecem o laço social dos sujeitos que acolhem"[5].

O foco das ações são alunos que, com nove e 10 anos de idade, ainda não foram alfabetizados e, por isso, constituem, na prática, desafios invencíveis para os docentes: não aprendem ou não retêm ensinamentos – ou seja, o que, num dia, parece ter sido apreendido, no dia seguinte, já está esquecido. Eles não apresentam laudos médicos nem diagnósticos em que se expliquem suas dificuldades, apesar dos habituais encaminhamentos para avaliação em serviços de Saúde Pública e Centros de Atendimento Psicológico. Ninguém sabe o que eles têm. Às vezes, chegam a concluir o Ensino Médio sem aprender nada ou, em algum ponto da trajetória, se evadem da escola. Os que persistem geram, no entanto, profunda angústia nos docentes, que se empenham em experimentar métodos, adotar estratégias pedagógicas, tentar de tudo, apesar de jamais conseguirem atingir os resultados esperados.

Muitas questões são levantadas a respeito de alunos que, dificilmente ou nunca, avançam no processo de ensino/aprendizagem: Sofrem de limitação orgânica ou de transtorno mental? O problema advém da família de cada um deles, dos professores ou da escola? Enfim, a pergunta que persiste é: *O que esse menino tem?*

A intervenção da psicanálise na escola

Os alunos que não aprendem tornam-se alvo de inquietações que mobilizam políticas públicas e programas específicos à Educação Especial. Quanto mais se mostram fechados à aprendizagem, mais consolidam a probabilidade de existência de transtornos globais do desenvolvimento ou de possíveis deficiências intelectuais. Numa *Conversação* realizada, previamente, com os gestores da área da Educação Especial do município de Belo Horizonte e do estado de Minas Gerais, destacou-se que o maior obstáculo para a execução de medidas de inclusão consiste em casos de suposição de deficiência intelectual.

Em face desse desafio, a Faculdade de Educação da Universidade Federal de Minas Gerais (FaE/UFMG), responsável pela formação de profissionais que, em futuro breve, se vão confrontar com essa realidade, também foi convocada a apresentar respostas plausíveis para tais problemas. Nos cursos de Graduação em Pedagogia e Licenciaturas em geral, os estudantes expressam suas inquietudes mais frequentes, que se resumem a não se sentirem preparados para lidar com os tipos de aluno em foco. Daí formalizar-se uma questão fundamental: Que pesquisas poderiam contribuir para a formação docente articulada a obstáculos específicos a atividades de inclusão escolar?

Nessa perspectiva, as professoras Samira Zaidan e Cristina Gouvea – respectivamente, Diretora e Vice-diretora dessa Faculdade, gestão 2010-2014 – convidaram o Núcleo Interdisciplinar de Pesquisa em Psicanálise e Educação (Nipse), que já funcionava nessa instituição implementado e coordenado pela professora Ana Lydia Santiago, a direcionar seus projetos de pesquisa/intervenção centrados na investigação clínica de formas de inibição intelectual e de sintomas na esfera da aprendizagem para o ponto de convergência das preocupações da Educação Especial e Inclusiva e da formação docente.

Os integrantes do Nipse vêm-se responsabilizando, desde 2004, pela realização de pesquisas/intervenções em escolas, fundamentadas na prática da psicanálise aplicada, que remetem à ação de psicanalistas e não se restringem ao enquadramento do consultório, processo clínico estabelecido entre o analista, o paciente que o procura e o discurso analítico. Como a psicanálise aplicada busca instituir, em escolas, o já referido *Lugar Alfa*, o trabalho assim direcionado pela coordenadora do Nipse não visa apenas a constatar sintomas, mas a produzir um encontro pontual do sujeito com o analista, que, nesse contexto, deve se revelar capaz de engendrar arranjos originais e de ser fonte de respostas que modifiquem impasses iniciais.

Para conhecer melhor os impasses do campo da Educação Especial e Inclusiva, Ana Lydia Santiago convida Raquel Martins de Assis a integrar-se à nova proposta de pesquisa/intervenção e o Nipse propôs-se, então, promover *Conversações* com gestores responsáveis pela área da Educação Especial na perspectiva da inclusão escolar no sistema educacional público de Minas Gerais. O objetivo era o de, por essa via, elencar os principais problemas enfrentados pelos educadores envolvidos em projetos específicos a essa área de ensino e que, portanto, deveriam possuir amplo conhecimento da rede de assistência especializada articulada à Educação, além de serem responsáveis diretos por cuidados na implementação das políticas de Educação Inclusiva no cotidiano das escolas.

Entre os impasses mencionados nas *Conversações* que se fizeram necessárias para tanto, destacou-se a grande dificuldade dos educadores em trabalhar com alunos suspeitos de deficiências intelectuais ou de transtornos mentais, que se configuram hipóteses explicativas, principalmente para os casos de alunos sem diagnóstico médico ou psicológico, que enfrentam importantes obstáculos relacionados à aprendizagem:

> Diante do limite da aprendizagem, ficamos cegos às potencialidades. O educador paralisa, ao certificar-se da insuficiência para aprender presente nos casos de psicose, autismo e outros, sem diagnóstico. Os mais difíceis são os casos de deficiente intelectual, pois a deficiência impõe o particular e a prática pedagógica quer ensinar para todos do mesmo jeito. A escola não sabe lidar com o particular.

"A escola não sabe lidar com o particular" é, então, a mais relevante conclusão dos gestores ouvidos. Na perspectiva dos alunos, pode-se considerar que os casos enigmáticos para os educadores são justamente aqueles em que há impedimentos dos sujeitos para, no processo de aprendizagem, incluir sua particularidade, em que sobressaem, acima de tudo, o fracasso, o sofrimento e a desinserção social, mesmo quando eles se encontram no âmbito da escola. Trata-se, talvez, de uma forma de sintoma que traduz a própria resistência à inclusão. A propósito, os gestores perguntam-se: Como dar atenção às necessidades específicas a cada sujeito segundo um modelo educacional elaborado para atingir a todos? Em outros termos: Como incluir o particular?

Nessa pergunta, resume-se o desafio das pesquisas de orientação psicanalítica que, no campo da educação, comumente, objetivam intervir em impasses com alunos-problema, assim designados por apresentarem ou obstáculos na aprendizagem ou comportamentos perturbadores, marcados por conotação de violência ou de sexualidade. Em algumas situações, ambos os fatores se fazem presentes. Definida essa contestação predominante ao saber fazer da psicanálise aplicada, elaborou-se um projeto de pesquisa/intervenção, que foi firmado com a Diretoria de Educação Especial (Deesp) da Secretaria de Estado de Educação de Minas Gerais (Seemg), para estudo de casos de alunos-problema.

Isso feito, uma apresentação da oferta da psicanálise a diretores de escolas, programada pela Deesp, antecedeu a intervenção propriamente dita. Apenas se tal apresentação gerasse uma demanda, o discurso analítico poderia começar a atuar. Para se desenvolver uma pesquisa/intervenção em uma escola, é fundamental, pois, que a queixa quanto à ocorrência de determinados sintomas na instituição parta dos respectivos diretores. São eles que, inicialmente, podem reconhecer determinadas situações como indesejáveis, excessivas ou invulneráveis a iniciativas de controle e redirecionamento. Somente quando as medidas pedagógicas disponíveis se esgotam, os recursos educacionais à disposição dos educadores se revelam inoperantes ou, ainda, os problemas se repetem, uma instituição permite-se ser atravessada pela psicanálise. Na promoção de pesquisas/intervenções, a ação de psicanalistas acontecem em duas esferas: (1) sobre um coletivo – de alunos de uma mesma sala de aula ou de professores de uma mesma escola –, por meio da metodologia da *Conversação*[6]; ou (2), no âmbito do caso a caso, se o sintoma produzido é o de evidente inibição em aprender, já que algumas dificuldades de aprendizagem, bloqueios intelectuais, dispersão constante, agitação ou apatia frequentes e falta de atenção, assim como atuações das mais diversas ordens ou a perda do desejo de estudar, podem se constituir respostas individuais que veiculam, para além do processo educativo, impasses subjetivos. Em tais casos, pela metodologia da *Entrevista Clínica de Orientação Psicanalítica*[7], os sintomas focados merecem abordagem cuidadosa, visto que a intervenção de psicanalistas é pontual e de curta duração. Por outro lado, é possível acontecer, também, que os sintomas identificados na escola se traduzam em sinais discretos da foraclusão, em fenômenos elementares ínfimos ou em desligamentos sucessivos da família e de tudo aquilo que se situa ao redor dessa instituição – ou seja, as relações sociais, o mundo[8]. Mesmo nestes últimos casos, acredita-se que a escolarização não precisa ser inviabilizada.

Em tal contexto, a psicanálise propõe-se intervir, ofertando a palavra e promovendo a associação livre de saberes inconscientes, a fim de que possa advir alguma reconciliação dos sujeitos com seus desejos singulares. O desafio da psicanálise em sua aplicação no campo da educação consiste, portanto, em criar um respiradouro no seio do espaço institucional, em que a singularidade finalmente se inscreva. Em outros termos, os psicanalistas de orientação lacaniana chamam para si a instigação resultante do fato de privilegiarem o real dos sintomas e, com essa referência, desconcertarem o ambiente institucional delimitado por normas e práticas simbólicas consolidadas, para incluírem, de outra forma, o irreconciliável do que perturba, pois este constitui, igualmente, o mais singular de cada sujeito.

Neste livro, apresenta-se uma seleção de casos, frutos de intervenções e práticas vivenciadas, em diferentes escolas, por integrantes do Nipse. Embora as *Entrevistas Clínicas de Orientação Psicanalítica* tenham sido conduzidas por Ana Lydia Santiago, os textos foram escritos a quatro mãos em coautoria com Raquel Martins de Assis, e o trabalho em que se fundamentam foi realizado por muitos colaboradores – entre os quais, psicanalistas membros da Escola Brasileira de Psicanálise (EBP), psicanalistas e pedagogos alunos do curso de Pós-Graduação em Educação - Conhecimento e Inclusão Social da FaE/UFMG, bem como estudantes de Graduação em Psicologia e em Pedagogia da mesma Universidade. No estudo de casos, aprende-se com sujeitos diversos o que eles ensinam sobre as próprias dificuldades, sobre seus sintomas.

No mesmo sentido, pretende-se, com a divulgação do trabalho desenvolvido em diferentes circunstâncias, que a pragmática da psicanálise e os casos ora apresentados possam ressoar na experiência de cada leitor e contribuir para a instituição de um lugar vazio, em que o particular se inscreva em suas relações com o saber.

INTRODUÇÃO

A *DESSUPOSIÇÃO* DE SABER NA ESCOLA:
ALUNO-PROBLEMA E OUTRAS NOMEAÇÕES

"Educação para todos", ou seja, todas as crianças e adolescentes, sem exceção, devem estar na escola. Atualmente, esse movimento político, cultural e pedagógico é identificado como Educação Inclusiva e preconiza que todas as pessoas devem ter direito à Educação, independentemente de quaisquer características pessoais ou sociais que as singularizem[1]. Mais que isso, espera-se que todas sejam acolhidas por instituições escolares, tendo sua diversidade reconhecida e respeitada. Em propostas que se pretendem universais – com destaque, entre outras, à da Educação Inclusiva –, é fundamental incluir, no leque de diferenças culturais, étnicas, de crença ou de gênero, bem como de deficiências intelectuais morais ou físicas – que tipificam grupos comumente objeto da atenção dos responsáveis pela promoção da inclusão – a subjetividade, elemento díspare e único, que particulariza cada ser falante. Caso contrário, um ideal igualitário de tal envergadura pode promover segregação e contribuir para neutralizar, com suas normas, justamente o que singulariza os diversos sujeitos.

O apagamento do que individualiza um sujeito pode gerar efeitos que interferem, de maneira negativa, nas iniciativas, estratégias e resultados de programas de Educação Inclusiva. Em sua aplicação no campo da Educação, como anteriormente afirmado, a psicanálise oferece contribuição *sui generis* para se abolirem tais problemas: aposta na palavra, veículo do saber do inconsciente, para que crianças e jovens incluídos num projeto educacional possam se tornar sujeitos de sua experiência escolar. Isso apenas é possível em decorrência da relação exclusiva que cada um deles estabelece com o mundo e com o saber, bem como com a própria linguagem e corpo.

Geralmente, as crianças e adolescentes representam o tempo presente ou, como afirma Arendt[2], a emergência do novo. Por isso, são vistos tanto em decorrência de seus relacionamentos específicos e de sua própria história, quanto através de lentes que lhes imprimem marcas sociais e culturais de determinada época, marcada por utopias específicas. A cada geração, à medida que incorporam características de certo momento da civilização ou conforme aderem, por exemplo, às relações temporais e espaciais que vivenciam, os sujeitos passam a se distinguir não só pela modernidade, mas também pelas angústias que tais modos de ver suscitam. Assim, estilos de linguagem, modos de vida inovadores, moda reinventada, gostos musicais e comportamentos controversos, assim como medos e inquietações compartilhados, esboçam o que crianças e adolescentes representam como grupo, mas pouco informam sobre o que, particularmente, cada um deles é. Variedades da moda e formas de ser grupais desenham uma imagem que pode causar estranheza, gerar alienação ou engessar a diferença única dos diversos sujeitos que insistem em se esculpir em consonância com desejos peculiares.

É por meio desse fenômeno de identificação com o tempo presente que, na percepção dos adultos, as ameaças contemporâneas vão integrar a personalidade de crianças e adolescentes. Para os mais velhos, as novas gerações são sempre ameaçadoras, pois, "do ponto de vista dos mais novos, o que quer que o mundo adulto possa propor de novo é necessariamente mais velho do que eles mesmos"[3]. Assim, por causa do inusitado que as gerações mais jovens podem representar e de sua incrível capacidade de vir a ser para o mundo, elementos já perdidos pelos adultos – a aceleração do momento e a agitação de comportamentos, o individualismo exacerbado, a intolerância, a indiferença e, mesmo, certo potencial de violência e agressividade – são atribuídos, de preferência, a crianças e adolescentes, que, por via de consequência, se tornam alunos-problema e restam subsumidos sob tal olhar, que lhes projeta uma ameaça futura do desconhecido. Não são escutados, mas apenas falados em função do que evidenciam desse insólito ameaçador. Além disso, à medida que rompe com as tradições e ideais consolidados em épocas passadas, o não conhecido é tido como algo indesejável, que deve ser controlado e eliminado. Estruturalmente, essa ruptura entre gerações no que concerne a ideais é o que faz com que muitas crianças e jovens sejam rejeitados por sua maneira autêntica de ser e estar no mundo.

Na escola, esse fenômeno acontece sempre que os professores não conseguem interagir com seus alunos nem entender por que estes não aprendem, não se interessam pelos estudos nem prestam atenção a nada, parecem estar com "a cabeça em outro mundo", conversam sem parar, se agitam ou introduzem temas diferentes dos propostos na sala de aula. É preciso considerar, no entanto, que a incidência do mundo digital em que, hoje, crianças e jovens vivem promove um curto-circuito no acesso ao saber. Antes, os adultos – professores ou pais – impunham-se como mediadores do acesso ao saber, que era um objeto a ser buscado no Outro e, para tanto, fazia-se necessário seduzir esse Outro, ceder às suas exigências ou obedecer a elas. Agora, o saber não é mais do Outro nem se relaciona ao desejo deste, pois está automaticamente disponível mediante uma simples demanda formulada ao computador ou a outras máquinas digitais[4]. Nesse contexto, os educadores enfrentam dificuldades e vivem a nostalgia do tempo passado.

Nas cenas de sala de aula em que, de modo geral, não figuram alunos ideais – bem comportados, conectados à transmissão mediada pelo mestre, capazes de aprender o que lhes é ensinado –, abre-se espaço para que algum elemento, ainda que indefinido, mas ameaçador para os professores e irreconciliável com eles, seja capturado e localizado em corpos que exibem adereços, em falas nem sempre compreendidas ou em comportamentos "estranhos". Assim, presente na relação ensino/aprendizagem e na transmissão do saber, tal elemento, que sempre gera ansiedade, situa-se nesses alunos e o passo seguinte consiste em nomeá-lo.

Os nomes são diversos e dependem da experiência pessoal e profissional dos docentes envolvidos, bem como dos contextos a que as realidades escolares se circunscrevem. Os educadores nomeiam quando elaboram a probabilidade de transtornos ou síndromes, que parecem traduzir o que foi captado como diferente no comportamento de certos alunos; e nomeiam, também, quando pressupõem que, ao não se enquadrarem em normas escolares ou ao recusarem atividades pedagógicas, tais alunos estão sujeitos a algo que a própria cultura produz de indesejado no momento atual – em suma, violência ou perversão. Em definitivo, trata-se da emergência de um real irreconciliável que convoca uma localização imaginária e uma nomeação simbólica, para aplacar a angústia suscitada por aquilo que não pode ser dominado, no plano pessoal, ou controlado, na relação pedagógica, e que, por isso, ameaça fazer fracassar o plano mais global do ideal civilizatório contemporâneo.

É nas entrelinhas da palavra dos educadores, ao estabelecerem normas para turmas de estudantes, ao formularem propostas ou lançarem brincadeiras jocosas, que os alunos apreendem mensagens veiculadas nesse processo. Se se está no domínio da educação pública, podem-se captar críticas que vinculam algumas crianças e adolescentes à desestruturação de suas famílias e à precariedade econômica, moral ou educacional de seus pais. No domínio do ensino privado, não é diferente e as censuras associam certos alunos a "filhos de papai", que não têm conhecimento pleno da vida como esta é, ou a crianças "abandonadas", cujos pais trabalham demais ou não se preocupam devidamente com elas. Em face da recorrente ideia de relação causal entre fracasso escolar e conflitos familiares, não é de se estranhar tal localização de problemas no âmbito da família. Em ambos os casos, porém, as reprovações comportam uma dessuposição de saberes concernente a crianças e jovens, já que não são vistos em sua singularidade, mas como um produto de sua família ou do ambiente em que se inserem.

Essa maneira de olhar, que cala os sujeitos em foco, pode repercutir no processo escolar e dar origem a considerações – "Eles não sabem de nada por causa de suas condições de vida"; "Eles não são capazes"; "Não têm educação", entre outras – que restam subentendidas e acabam traduzindo o olhar dos professores e as expectativas que nutrem em relação a seus alunos. Esse tipo de avaliação mina silenciosamente o relacionamento de transmissão de saberes, dando corpo a uma hostilidade latente. Em algumas situações, tal hostilidade torna-se, na escola, o manancial de que emanam atuações diversas – mais frequentemente, agressividade, atos de vandalismo, comportamentos indesejados ou inadequados – de crianças e adolescentes, o que reforça a identificação deles a "alunos-problema".

Em alguns casos, o hostil do Outro atinge o plano da subjetividade de crianças e jovens, originando mal-estar em relação à escola ou fazendo se revelarem sintomas, que se tornam fonte de impedimentos ou, até mesmo, de bloqueios no processo de aprendizagem. Em outros, as atuações podem ser caracterizadas como o que a psicanálise designa *acting-out* – ou seja, uma formação do inconsciente que, elaborada segundo o modelo do sintoma, encena a questão do sujeito e, ao mesmo tempo, requer a correspondente interpretação. O *acting-out* é, pois, uma mostração, que, velada ao sujeito, se comprova visível no máximo de sua articulação com a causa do desejo[5]. Na escola, estas atuações precipitam-se de um momento para outro e não implicam intenção consciente por parte dos alunos que agem de forma não esperada. Porém, mediante intervenções de analistas, tendo-se em vista os atos praticados, tais atuações podem resultar em reflexões, que, por sua vez, vão permitir a detecção daquilo a que visam ou daqueles a que se endereçam.

Impõe-se, no entanto, considerar que essas atuações representam o sujeito junto ao Outro simbólico – escolar ou social – e, por via de consequência, acabam sendo submetidas a interpretações várias. É importante para o sujeito ter suas atuações traduzidas, pois, se elas atingem o Outro, este deve ter condições de devolver-lhe a mensagem recebida, de forma invertida. Há, porém, chance de essas interpretações lhe serem retornadas com apenas uma carga de conotações dominadas por princípios morais, angústias e tendências atuais, sem conter qualquer indicação do próprio ao sujeito, o que deixa obturada a possibilidade de tradução do particular de seu desejo. Assim sendo, a dimensão sintomática da atuação, ou do *acting-out*, é silenciada por nomes consonantes com ameaças ou sintomas sociais contemporâneos. Na escola, esses nomes adquirem conotação de violência e de aberração sexual ou, ainda, sinalizam transtornos em voga e patologias frequentemente divulgados pelos meios de comunicação. O plano do *"eu"* é atingido por intermédio dessa nomeação externa, uma marca estigmatizante, uma designação que, embora indesejada, passa a identificar o sujeito, autor do ato em questão.

Nos casos relatados neste livro, destaca-se o modo como esses nomes, ainda que inoportunos e fonte de desconfortos, são acolhidos pelos alunos focados e reforçam o sentido das respectivas atuações subsequentes. Como se verá, quanto mais uma adolescente se defende de ser um "abacaxi!", mais seu desempenho a aproxima dessa nomeação. Outro aluno, independentemente de comprovação de seu envolvimento em determinadas situações, é apontado como "ladrão" a cada vez que desaparece um brinquedo ou qualquer material escolar de algum colega. A recusa em escrever de outro menino fortalece-lhe o diagnóstico de "doido", embora todos reconheçam que ele é dotado de inteligência.

Em escolas, os psicanalistas devem atentar às nomeações que o ordenamento da trama social e escolar do Outro simbólico impõe a crianças e adolescentes, apesar, muitas vezes, do desconforto alojado em determinadas posições, sem qualquer vislumbre de "saída". É o que ocorre com um aluno, de nove anos de idade, que, numa conversa com um dos pesquisadores no Nipse, põe em evidência seu desejo: "Eu queria tanto ser outra coisa... Mas quem mora aqui onde eu moro ou é visto como bandido, ou como traficante"[6]. A essa manifestação seguiu-se, na oportunidade, este diálogo:

— Seu pai é bandido?

— Não. Meu pai não faz nada, não trabalha... Joga videogame o dia todo. Até brigar com a gente ele briga, para jogar mais.

— Ah, sim? Então, seu pai é uma criança.

— É... Mas o pai do Wesley, da minha sala, não. O pai dele é taxista.

— Ele mora aqui?

— Mora. Ele tem carro e na casa dele tem antena e tudo. Tem as coisas... Quando eu crescer, vou ser taxista!

Considerando-se circunstâncias já expostas, é importante ressaltar que há um social a se acolher e um social a se rejeitar. Nessa breve conversa, por exemplo, um passo muito significativo é dado pela criança na direção de ela se livrar do peso das nomeações a ele impostas pelo

Outro. As intervenções de psicanalistas, em *Conversações* orientadas à desconstrução de nomeações do Outro escolar – entre elas, "lunático", "imatura", "infantil"; bem como "deficiência intelectual", "transtorno global do desenvolvimento", "déficit de atenção", "hiperatividade", "dislexia" e outros transtornos ou patologias que, fabricados pelos efeitos do discurso da ciência, também são ofertados como identificação –, inscrevem-se no ponto em que uma falha do saber interroga fenômenos associados ao fracasso escolar. Mobilizar essas identificações constitui o desafio do discurso analítico, com vistas a promover uma possível reconciliação do sujeito com o que lhe é mais íntimo e pode estar prestes a ser segregado pelas nomeações do Outro escolar. Só produzem efeito sobre o sujeito as nomeações que carregam a marca do gozo[7]. No pronunciamento "Rumo ao Pipol 4", Miller recorre ao sintagma "inserção de gozo"[8], elaborado por Lacan, a fim de destacar que a reconciliação do sujeito com a própria satisfação é o que faz emergir o desejo.

Numa via contrária, situam-se as nomeações do Outro que se põem a serviço da eliminação da angústia concretizada diante de tudo o que resiste à norma social. Nesse caso, obtêm-se como resposta sintomas que variam bastante em sua forma de manifestação no corpo e abrangem comportamentos que vão da apatia à agitação, embora a mais importante das consequências seja a inviabilização da escolaridade ou a exclusão que ocorre no âmbito do próprio projeto de inclusão. Suprimir uma desinserção é uma "saída" inesperada, que se comprova quando se verifica um deslocamento para o campo social daquilo que se adquire mediante intervenções clínicas ou pedagógicas. Em outros termos, a inserção ocorre somente se há transcrição, no campo do Outro – família ou escola –, de um dizer até então impossível. Todos os casos relatados nesta obra têm a marca inicial da desinserção social em escolas e podem gerar, em função de encontros com psicanalistas, outras respostas, que se consumam sob novas formas de inserção.

CASO I

ALUNO LUNÁTICO OU
AUGUSTO: *"TENHO MEDO DO ESCURO"*

> *"[...] acho que a criança e o saber são duas palavras*
> *que vão muito bem juntas, pois a criança é, se podemos dizer,*
> *a vítima completamente designada do saber."*
>
> Jacques-Alain Miller

Augusto, com 10 anos de idade, está cursando o quarto ano do Ensino Fundamental, mas ainda não aprendeu a ler. Reconhece algumas letras do alfabeto, mas não sabe juntá-las para formar sílabas, escrever palavras ou, menos ainda, elaborar frases. A persistência dessa dificuldade no processo de alfabetização por três anos consecutivos e o insucesso recorrente dos professores em tentar mudar tal situação interferem na forma como esse aluno é visto na escola. Marcado pelo fracasso, muitos de seus comportamentos passam a ser considerados "estranhos": ora sinalizam a possibilidade de transtorno mental; ora remetem a problemas oriundos do meio familiar ou a outros quaisquer, capazes de explicar a resposta "negativa" dele em face da oferta da escola. Exatamente em função desse tipo de resposta, Augusto é um sintoma para a escola, pois ele põe em evidência o que falha com vistas ao propósito da instituição.

Conversação diagnóstica:
O que a escola sabe do sintoma de Augusto?

Augusto constitui, pois, um impasse para a escola. Como todo aluno-problema, muito se fala dele entre pares, durante reuniões pedagógicas, nos corredores da instituição, na hora do lanche dos docentes. Busca-se uma solução para o caso; vários encaminhamentos são feitos nesse sentido. Tal falação vai, no entanto, deixando marcas, fixando estigmas, definindo nomes e modos de relacionamento com a criança. Para o estudo de casos desse tipo, a primeira investigação a que a pesquisa/intervenção de orientação psicanalítica se dedica consiste em saber a que ou a quem os alunos-problemas se identificam. Nessa perspectiva, no encontro inicial – designado *Conversação* diagnóstica –, os psicanalistas atêm-se ao relato de diretores, coordenadores pedagógicos e professores sobre os sintomas da escola, visando-se a isolar, do discurso produzido nesse processo/contexto, nomes que condensam o enigma que cada criança em questão representa.

Nessa *Conversação*, a respeito de Augusto, informam que se tratava de um menino "lunático" e "fora do prumo", características que suas atitudes evidenciavam. Uma vez, ele se arrastara pelo chão, o que, para os educadores comprovaria algum comprometimento no plano do desenvolvimento geral da criança. Noutra oportunidade, discutiu com um colega por causa do desaparecimento de algum objeto, episódio demonstrativo, para todos, de sua tendência a furtos. Antes mesmo da apuração dos fatos relacionados a este evento, foi-lhe afixada a etiqueta de "ladrão" e, desde então, diante de qualquer queixa de sumiço de brinquedo ou perda de material escolar, na escola ou na sala de aula, a responsabilidade recaía sobre o menino. Certa ocasião, Augusto deixou cair de sua mochila uma nota de 50 reais. A professora da sua classe, duvidando de que um morador de favela pudesse portar tamanha quantia, concluiu que se tratava de dinheiro roubado. Assim, mesmo em face da alegação insistente do aluno de que a tinha ganhado da mãe, a professora confiscou a nota e solicitou à Coordenação da escola entrar em contato com a família do aluno para comunicar o acontecido. De fato, Augusto recebera o dinheiro de sua mãe. Após os devidos esclarecimentos, porém, a comprovação do julgamento equivocado da educadora não colaborou para modificar a fama de "autor de furtos de pequenos objetos" do menino. Manteve-se a pressuposição de que ele era uma criança de comportamentos preocupantes na esfera moral, o que era reforçado por outras atitudes dele avaliadas como "sexualidade aflorada".

Que é "sexualidade aflorada"? Indagados sobre essa expressão, os professores explicaram; "É ele viver contando vantagens de suas conquistas sexuais para os colegas e afirmar que dava conta de 'comer' as meninas". A propósito do exposto, contudo, é preciso ressaltar o que se segue:

> A psicanálise não é apenas uma questão de escuta, de *listening*, ela é uma questão de leitura, *reading*. No campo da linguagem a psicanálise toma o seu ponto de partida na função da palavra, mas ela refere esta à escrita. Há uma distância entre falar e escrever. É esta distância que a psicanálise explora.[1]

Assim, na prática de intervenção em espaços sociais como escolas, diferentemente do que é amplamente divulgado como "escuta", a psicanálise realiza a "leitura" de um sintoma, procedimento não só desenvolvido pelo analista, mas também transmitido àquele que fala de seu mal-estar.

Discutindo com educadores, portanto, o psicanalista de orientação lacaniana questiona e interroga as certezas que servem para tamponar o incômodo advindo de fatos que não se explicam. Qualquer fracasso – entre outros o escolar – gera angústias e convoca justificativas. Geralmente, como no caso de Augusto, as explicações para o que resiste à alfabetização vão-se construindo a exemplo de "castelos no ar", parecem grandiosos aos olhos dos educadores, tornam-se, a cada dia, mais consistentes, porém podem desaparecer como "fumaça" frente a uma pergunta bem elaborada. Ao psicanalista compete tentar desfazer essas elaborações imaginárias que impedem os adultos de acolher o que a infância e, particularmente, cada criança lhe apresentam de inédito.

Portanto, desde o primeiro contato com diretores, coordenadores pedagógicos e professores para uma *Conversação* diagnóstica sobre casos de alunos difíceis, interessa não explicar, mas decifrar o emaranhado confuso de discursos e saberes, que, até então, vinha servindo para justificar o fracasso detectado na instituição. Antes de tudo, no entanto, é fundamental considerar que "*criança* é o nome que damos ao sujeito desde que o enviamos para o ensino, sob a forma de educação. [...] Assim, *a criança é por excelência o sujeito entregue ao discurso do Mestre pelo viés do saber, quer dizer, através do pedagogo*"[2].

À revelia das boas intenções dos educadores na busca de tornar evidentes as causas do fracasso, as conversas que circulam nas instituições escolares, bem como as imagens e etiquetas afixadas em determinados alunos, as hipóteses de diagnósticos clínicos e outras pressuposições sociológicas e psicológicas construídas a respeito de diferentes casos, servem mais para nomeações segregadoras que para superação dos problemas que os fundamentam. Como estudos anteriores indicam, certas nomeações – "sexualidade aflorada", "lunático", "avoado", "furioso", "agressivo", "disléxico", "sindrômico, com transtorno" – pesam nas costas de algumas crianças como tijolos colocados em sua mochila e elas não têm chance de se desfazer, sozinhas, de tal peso. Alunos que não aprendem ou não se desenvolvem no ritmo esperado no processo de ensino/aprendizagem podem, às vezes, carregar o peso desse tipo de nomeação por mais tempo que o de sua escolaridade. Os rótulos segregam, porque reduzem os sujeitos a saberes que dominam, comprimem e manipulam o gozo daqueles que designados "crianças". Tornam-se identificações que favorecem exclusão e geram mal-estar não apenas para os alunos e seus familiares, mas também para alguns docentes, que se veem às voltas com certa impotência na tarefa de ensinar.

Ao explicarem a "sexualidade aflorada" atribuída a Augusto, os educadores fazem ressaltar irrefutável incoerência entre causa e efeito – mais precisamente, entre uma suspeita de sexualidade desviante, como causa, e a comprovação de fracasso escolar, como efeito. Como se sabe, qualquer criança, depois de certa idade, pode enunciar a colegas conquistas na esfera da sexualidade para afirmar masculinidade, virilidade – ou seja, sua potência fálica. Esse tipo de enunciado é comparável ao de um menino que desafia outro para uma corrida, com o objetivo de, no final, se declarar vencedor. Entretanto, diante do enigma de fracasso, até as sutilezas das preocupações de meninos e meninas, que o próprio desenvolvimento impõe, se tornam suscetíveis de receber conotações de anormalidade ou de patologia no âmbito do comportamento.

Em face disso, pode-se precisar que, no caso em foco, a intervenção do psicanalista visou a mobilizar as identificações manifestas de "sexualidade aflorada", "fora do prumo" ou "lunático". Apenas dessa forma foi possível esvaziar a mochila de Augusto, abrir um vazio em que algo do sujeito – algo singular e criativo, que, inicialmente, na escola, só pôde aparecer sob a forma de sintoma de não aprendizagem – tivesse chance de emergir.

Leitura do sintoma:
nomes e discursos na abordagem do fracasso escolar

O psicanalista solicitado a investigar casos de alunos-problemas é bem acolhido na escola, assim como suas intervenções são, normalmente, bem aceitas. Entretanto é preciso considerar que, para os educadores, não é tarefa fácil rever certezas e demolir identificações que, no curso dos anos, em função da convivência com tais alunos, se foram consolidando. Pesquisas/intervenções têm demonstrado que, entre as ideias mais difíceis de remover, se destaca a possibilidade da existência de comprometimentos mentais ou neuronais hereditários, envolvidos em situações de não aprendizagem. No caso em foco, uma consideração dos professores corroborava essa ideia: "A mãe de Augusto é inteligente, mas, na família, outras pessoas já saíram da escola sem aprender a ler".

Além dos pressupostos biológicos e hereditários, outra explicação recorrente para as dificuldades de aprendizagem era a da "falta de estrutura familiar". Após a intervenção do psicanalista voltada à "sexualidade aflorada" de Augusto, no momento mesmo da conclusão da *Conversação* promovida, foram formuladas novas suspeitas sobre a conduta moral de seus familiares: "Eles mentem muito"; "A mãe do aluno, depois de sua separação, ocupa o filho com as tarefas domésticas e sai para namorar"; "Existe algo aí que a gente desconhece!" Esta última exclamação conclusiva aponta para duas causas anteriormente mencionadas: "desestrutura familiar" e uma suposta herança de "deficiência intelectual".

Na leitura de sintomas, um segundo passo consiste no levantamento de dados registrados nos documentos escolares dos alunos-problemas: ficha de matrícula, relatórios pedagógicos, laudos diagnósticos e de tratamentos efetivados, entre outros.

No que concerne ao caso em estudo, pode-se traçar o seguinte histórico: a verificação de que Augusto não aprende no mesmo ritmo dos colegas aconteceu nos primeiros meses de frequência à escola, quando ele estava com quase seis anos completos de idade. Antes, frequentou por dois anos a Educação Infantil em uma creche. No segundo semestre letivo do mesmo ano escolar, para favorecer seu processo de alfabetização, o menino foi convidado a acompanhar, no contraturno escolar, aulas de reforço, sob atenção individualizada. Logo depois, também foi-lhe indicado participar de outras atividades de alfabetização na *"Sala de Recursos"* da instituição, que dispõe de material pedagógico e lúdico apropriado para práticas educacionais especializadas. Nesse espaço, uma educadora – contratada como professora de apoio – é encarregada do acompanhamento de alunos sobre os quais recaem suspeitas de deficiência intelectual.

No segundo ano de Augusto na mesma escola, as dificuldades iniciais associadas à alfabetização persistiram. Ele permaneceu em horário integral, acompanhado pela mesma professora de apoio, durante os dois semestres letivos. No Relatório Anual concernente a esse processo, notificou-se:

> Ansiedade na fala, dificuldade para se comunicar, embora não se observe gagueira. Aprendizagem lenta: reconhece as letras do alfabeto, algumas sílabas e lê palavras simples. A maior dificuldade é não guardar as letrinhas [no momento da escrita]. Registra o próprio nome e conhece números até o 9. Não obedece às regras da escola.

Em decorrência das observações desse Relatório, solicitou-se à família do menino procurar um atendimento fonoaudiológico.

Augusto cursava, então, o terceiro ano do Ensino Fundamental. Seu insucesso na alfabetização continuava a gerar incômodos e propostas de solução por parte dos educadores da instituição. Uma delas chama a atenção, pois, na opinião dos pesquisadores, escamoteava dados do fracasso escolar e, por isso, podia tornar-se bastante desorganizadora para o aluno, que precisava se situar na escola e no próprio processo de ensino/aprendizagem: incluído nominalmente numa turma do terceiro ano, ele assistia a aulas em outra sala, onde se agrupavam alunos que estavam se iniciando na alfabetização. No quarto ano, mais uma vez, sem se levar em conta a idade dele e independentemente de aprovação ou retenção, Augusto foi relacionado numa turma, enquanto continuava a frequentar aulas em outra classe, de crianças mais novas ou que, como ele próprio, comprovavam impasses para aprender.

Na época, em relatório específico, o especialista em fonoaudiologia consultado pela mãe de Augusto apontou "alterações da linguagem oral, troca e distorção de fonemas, conhecimento de grafemas, sem conseguir registrá-los". Tal avaliação, até esse ponto, ia ao encontro do observado pela professora de apoio, salvo no tocante ao comportamento: diferentemente do que acontecia na escola, nas sessões com o fonoaudiólogo, o menino respeitava as regras, comprovava conduta exemplar e não demonstrava embaraços na realização de atividades lúdicas.

Com base neste relatório, estabeleceu-se importante contradição entre diferentes discursos sobre Augusto. O menino de comportamento adequado na relação com o profissional de fonoaudiologia era o mesmo que, na escola, se revelava indisciplinado, se arrastava pelo chão e parecia "lunático".

Contradições como essa permitem questionar o que uma criança, em situação de fracasso escolar, passa a representar para seus professores. O enigma do insucesso na aprendizagem convoca explicações médicas, psicológicas e saberes de diversas áreas. Nesse apelo ao saber e ao discurso de outras disciplinas, o conhecimento que os educadores têm e elaboram em práticas aperfeiçoadas em processos de aprendizagem fica relegado a segundo plano. Ainda nessa via, o aluno em foco começa a ser visto como possível portador de déficit de inteligência, carência cultural ou desvio associado à situação socioeconômica de sua família. Nesse contexto, a intervenção do psicanalista visa a evidenciar discrepâncias entre hipóteses e diagnósticos formulados sobre o fracasso da criança e pode ser considerada bem-sucedida quando produz, como efeito, um "vazio" – ou seja, a suspensão das certezas, dos saberes rígidos constituídos e a criação de espaço para que novo olhar possa se instituir.

No curso dos anos, pesquisas/intervenções desenvolvidas pelo Nipse junto a crianças que, como Augusto, frequentam regularmente a escola por mais de três anos e ainda não se abriram à alfabetização têm possibilitado observar uma tendência dos educadores em reafirmar a existência de déficits em crianças que não aprendem. Assim, muitas vezes, os laudos e diagnósticos de médicos e especialistas da área da Saúde e de outras afins vêm ajudando a corroborar essa predisposição. Na escola, termos empregados nesses documentos são tomados como verdade científica, que comprova a presunção de impossibilidade de algumas crianças aprenderem e, consequentemente, justifica a inaceitável impotência dos docentes para ensinar.

Quando, ressalte-se, leram o relatório do fonoaudiólogo, em vez de formular perguntas sobre o contraditório no plano do comportamento de Augusto, os professores ativeram-se à indicação de "alterações da linguagem oral, troca e distorção de fonemas". Cumpria-se, assim, a predição "oracular": problemas na fala interferem no aprendizado da escrita. Essa consideração servia para desangustiá-los e, a partir disso, muitos deles deixavam de se sentir responsáveis pelo processo do aluno de aquisição da leitura e da escrita. Atribuíam, então, a profissionais da área da Saúde – mais especificamente da Saúde Mental – mediações aptas para a adaptação da criança com vistas a solucionar os problemas de aprendizagem desta[3].

Se, pois, as certezas tivessem se movimentado e o "vazio" se produzido, os professores conseguiriam colocar-se como pesquisadores na investigação dos impasses de Augusto na escola. E questionariam: "Vejam: esse menino comporta-se muito bem quando não está na escola! Então, o que será que acontece aqui?" Ou ainda: "Augusto consegue estabelecer um bom contato com o fono. Por que, com seus professores, ele é diferente?"

Como, na ocasião, o parecer do especialista contribuía para garantir a verdade da hipótese de déficit conferida a Augusto, passou despercebido a todos os educadores que as poucas informações presentes no relatório do fonoaudiólogo sobre as dificuldades verificadas na fala, na leitura e na escrita da criança já tinham sido avaliadas na escola. Por isso, nesse momento, termos como "alterações" e "distorções" conferiam "cientificidade" à definição do problema de Augusto. Por via de consequência, apoiada nos dados do referido relatório e em um curso de formação continuada, a professora da classe de Augusto chegou a este diagnóstico final: "Já sei o que ele tem. É dislexia".

Na continuidade da empreitada para explicar as dificuldades do menino também no âmbito de outras disciplinas, os demais educadores tentaram verificar a probabilidade de "deficiência intelectual". Sugeriram, então, à mãe dele procurar uma Unidade de Saúde para uma avaliação psicológica da criança. No consequente laudo do psicólogo, também arquivado na Secretaria da escola, relata-se: "Apresenta problemas de comportamento e atraso escolar". Essas constatações não implicaram, porém, nada de novo; eram semelhantes às apontadas, antes do encaminhamento do aluno a atendimento especial. O que, ao contrário, a análise dos pesquisadores do Nipse destacou neste último documento, como um dado essencial para o esclarecimento do caso em discussão, foi o parecer desfavorável ao pressuposto de "deficiência intelectual" – nas palavras do profissional: "Ausência de transtorno mental grave, que justifique tratamento".

O impacto desse laudo sobre a mãe de Augusto implicou consequências significativas para a criança: "Já que ele não tem nada, não precisa de tratamento. Só pode ser preguiça!" Desde então, sempre que recebia alguma notificação da escola – de dever incompleto ou comportamento inadequado do filho –, ela passou a bater nele.

Por sua vez, os profissionais da escola foram igualmente impactados pelo mesmo laudo, porém de forma diversa: já que o aluno que não aprendia não apresentava deficiência intelectual, só podia explicar-se, então, por problemas familiares. Em decorrência dessa conclusão, todas as justificativas para o fracasso de Augusto foram associadas, de maneira determinante, a condições sociais e econômicas da sua família e a sabidos conflitos interpessoais entre seus genitores.

Entrevista clínica: do sintoma do Outro ao sintoma do sujeito

"O que esse menino tem?" É a própria criança em situação de fracasso que pode esclarecer sobre seu sintoma, que se manifesta como dificuldade de aprendizagem. Cada criança confrontada com o aprendizado da leitura e da escrita produz uma resposta singular. A alfabetização

– um dos projetos integradores da civilização que, consensualmente, deve atingir todos os indivíduos –, não se resume apenas à aquisição do código da língua escrita e das habilidades de ler e escrever. Tampouco se restringe à incorporação mecânica dessas habilidades. A propósito, faz-se necessário considerar não só o ato de ler, mas também a capacidade de interpretar, compreender e se apropriar de novos conhecimentos.

Levando-se em conta vários aspectos do desenvolvimento humano, estabeleceu-se, em algum momento, a faixa etária mais indicada para a introdução da criança no processo de alfabetização. Por outro lado, impôs-se atentar à função e ao uso dessa aquisição para cada sujeito. Uma menina de seis anos, por exemplo, expressa sua urgência em escrever utilizando letras cursivas, dizendo à mãe que queria aprender, o quanto antes, "esta coisa dos adultos". Tal aspecto concerne apenas a um desejo singular dessa criança e, nas circunstâncias descritas, determina algo exclusivamente relacionado à escrita.

O processo de ensino/aprendizagem em massa não garante a todos a alfabetização plena no mesmo tempo e da mesma forma. Há sempre uma maioria que cede a ele de modo ímpar e os que restam refratários a tal processo, às vezes durante toda a vida. Na apropriação de códigos simbólicos, revela-se algo único. Mesmo que o código utilizado sirva à comunicação e à socialização, ninguém faz uso dele da mesma maneira – ou seja, pessoa alguma fala, escreve ou interpreta sem reproduzir, por seus atos, o impacto da linguagem sobre o próprio corpo falante. Entre os diferentes usos possíveis, a leitura pode se constituir uma abertura ao mundo – refúgio para uns; tormento para outros. A escrita, por sua vez, caracteriza-se tanto como esforço quanto como solução.

Augusto é convidado para uma Entrevista Clínica de Orientação Psicanalítica (ECOP)[4], que tem como ponto de partida interrogar o sujeito sobre o sintoma que ele representa para a escola. Após breve apresentação do entrevistador e do trabalho da pesquisa/intervenção pretendida, pergunta-se o que ele pode dizer sobre seu problema com relação à aprendizagem. Ele responde: "Meu nome começa com 'A'".

O menino mostra, em seguida, o que já tinha aprendido na escola. Diferentemente do que fora avaliado antes, ele comprova conhecer as letras e as sílabas de seu nome. Na continuidade da conversa, informa corretamente o ano do Ensino Fundamental que está cursando e apresenta informações completas e precisas sobre seus genitores, as profissões deles e o restante da prole de que faz parte. Depois acrescenta: "*Meus pais são separados*".

Olhando para o papel e os lápis de cor em cima da mesa, Augusto pede para fazer um desenho. Esboça, então, a figura de sua mãe, a dele próprio e a de um irmão, bem como, ainda, o sol, algumas nuvens, uma flor, uma borboleta, uma árvore e uma joaninha.

O entrevistador, explorando esse desenho, aponta para a boca aberta do irmão dele, de doze anos de idade, e pergunta a Augusto:

— O que ele está dizendo?
— Para minha mãe ir para o serviço.
— Por que ele precisa dizer isso?
— Minha mãe demora para acordar.
— Por que você acha que isso acontece?

O menino explica a situação e, após um breve intervalo de silêncio complementa: "À noite, tenho *medo do escuro. A rua* é muito escura. *Tenho medo de morrer*".

Nesse ponto, não se está mais no registro do sintoma que a criança constitui para a escola, mas no registro do sintoma do próprio sujeito.

33

Então, a conversa prossegue focada no medo do menino, que esclarece:

— Tem uns caras, que mata pessoas.
— Que tipo de caras são esses?
— Bandidos... Um dia, um bandido entrou na casa de minha avó e roubou o dinheiro da passagem dentro da bolsa dela.
— Por que alguém te mataria?
— Meu tio roubou a bolsa de uma mulher e foi preso.
— Que você acha disso?

Augusto responde, com uma interjeição não compreensível. Estimulado a se fazer entender, ele repete a palavra várias vezes, apesar da dificuldade evidente na pronúncia, e, depois, recorre a explicações. Finalmente, consegue expressar a expressão desejada: "Um adulto!"

O tio adulto, autor do roubo mencionado pelo menino, mora atualmente com o pai de Augusto, de quem este sente muita falta desde a separação do casal. Sua mãe não permite visitas regulamentadas. No final dessa primeira entrevista, ressalta-se que a criança não precisa parecer com o tio para estar perto do seu pai. Sugere-se, ainda, que ele converse com a mãe a respeito e que, posteriormente, caso ainda se fizesse necessário, os pesquisadores poderiam interceder a favor dele, a fim de favorecer sua convivência com o pai. Nessa oportunidade, o menino declara: "Tenho saudade do meu pai".

Como se pode observar no discurso da criança, o significante "ladrão" surge sinalizando aquele que está ao lado do pai. Estar junto ao pai não é justamente o que deseja Augusto? E, na escola, ele já não está identificado a "ladrão", mesmo que por furtos suspeitos e não comprovados? Como a intervenção em andamento objetiva garantir ao menino a possibilidade de realizar seus anseios de maneira diferente, todo o empenho se concentra no sentido de que ele possa se separar dessa nomeação. O efeito vai-se verificar, pouco tempo depois, pelo completo desaparecimento de tal identificação no âmbito da escola.

Nova entrevista clínica: o que se inscreve de singular na escrita

Uma semana depois, chamado para uma segunda ECOP, Augusto consente em comparecer, mas entra na sala com cara de choro. Resgatando-se o ponto conclusivo da entrevista anterior, é-lhe perguntado se ele conversou com a mãe sobre as visitas ao pai. Ele diz que não e declara que precisava de ajuda para fazer isso.

Ao longo da conversa que se segue, retomam-se as dificuldades de aprendizagem do menino. Sugere-se, a propósito, que ele escreva esta frase: "A bola caiu na rua". Ele registra algumas letras, tentando formar palavras, e, depois, preenche os intervalos com outras letras. Pode-se notar que ele elege as consoantes de seu nome para cobrir os espaços vagos e, se não sabe que letra usar, também recorre às mesmas consoantes. Enquanto realiza a tarefa de maneira concentrada, manifesta o desejo de saber escrever e não desiste nem quando demonstra hesitação. Ao final, tem-se um bloco de letras. Pede-se para ele ler o que escreveu. Não conseguindo, conclui que fez alguma coisa errada.

Passa-se à leitura de um livro, impresso em letras de forma. Com muita dificuldade, Augusto lê as letras e, em seguida, as sílabas. Não consegue juntar as letras de forma que o texto se torne compreensível para ele e para os pesquisadores. *"A... TA... RA... PA... LA... DO"* é a leitura que faz de "atrapalhado". Solicita-se que ele repita uma segunda vez, a leitura de cada palavra, pronunciando-as em ritmo mais acelerado. E ele lê: "A-TRA-PA-LA-DO". Em nova tentativa, pela terceira vez, ele consegue dar sentido à palavra lida – "ATRAPALHADO" – e isso lhe provoca grande satisfação. No entanto, apesar de todo o esforço, o menino demonstra reconhecer apenas sílabas compostas por duas letras: uma consoante seguida de uma vogal. Por isso, lê "esperto" como "SE-PE-TO" e "aguardar" como "A-GU-RA-DÁ". Ou seja, na prática, costuma realizar uma inversão na posição das letras – por exemplo, "SE", quando está escrito *"es"* –, para que cada sílaba apresente o padrão que ele reconhece: consoante + vogal. Além disso, sílabas formadas por três letras são simplificadas pela amputação de uma delas: em sílabas como "lha", "lho", "per" ou "pro", ele separa os fonemas, já que desconhece a sonoridade desse tipo de conjunto. Verifica-se, portanto, tratar-se de uma estratégia de correção utilizada por Augusto, a fim de fazer prevalecer sempre o que ele conhece do conceito de sílaba – a saber, um grupo de dois fonemas: uma consoante seguida de uma vogal. Noutra perspectiva, a inversão das letras associada a uma leitura lenta e fragmentada corrobora o diagnóstico de dislexia por parte da professora da classe.

Na continuidade do procedimento, aponta-se para o menino a ilustração de cada página do livro oferecido a ele como outro tipo de escrita, que pode auxiliá-lo a deduzir previamente o assunto narrado e os sentidos propostos no texto. Duas páginas mais adiante, observando as imagens, Augusto mostra-se capaz de antecipar algumas palavras e de corrigir a própria leitura. Deleita-se com a atividade e protesta contra o encerramento do encontro daquele dia, alegando querer mais tempo para terminar a leitura do livro. É-lhe informado que, se ele desejar, há uma pesquisadora da equipe que pode ajudá-lo a ler outros livros. Após a criança declarar que deseja muito tal ajuda, dá-se início, nesse sentido, as intervenções pedagógicas semanais, no período da tarde.

Uma terceira ECOP acontece, algum tempo depois, por iniciativa do próprio Augusto, que sabe o dia da semana e o horário em que os pesquisadores do Nipse estão presentes na escola. Ele entra na sala e pede para fazer um desenho, em que se dedica a detalhes. Enquanto isso, fala do medo que sente do escuro, medo que vivencia toda noite, logo que sua mãe apaga as luzes, e que o tem impedido de dormir. Esse não é um fato novo, pois, como já observado, o medo o acompanha desde que tem um ano de idade. Questionado a respeito, o menino esclarece:

— De que é o seu medo?
— De bruxo.
— Me fala deste bruxo.
— Ele é do mal. Pega a perna da gente e puxa para baixo. Corta a perna e a gente fica sem perna.

Augusto repete essa descrição de ameaça de castração cinco vezes seguidas. Depois, continua:

Ele tem três olhos, duas bocas, três pernas. As mãos são como asas. Unhas afiadas. Duas orelhas de cada lado e cabelo espetado. Tem um machado amarrado no meio da barriga, de lâmina afiada. Ele enxerga no escuro. De dia, se esconde. De noite, ele gosta de matar menino. Tem muitos dentes. Tira os dentes dos meninos e joga fora. O menino chama a mãe e ela corre atrás dele. O bruxo abre a torneira. Joga fora os dentes.

Depois de breve silêncio por parte do menino, o entrevistador intervém, informando: "Quando os dentes caem para vir outros no lugar, alguns meninos ficam com medo de perder, também, outra parte do corpo, que acham importante: aquela que faz xixi". E ele concorda: "É".

Augusto interessa-se pelo assunto e, enquanto desenha seu bruxo, a conversa prossegue, passa pela ficção da fada dos dentes e chega a outros protótipos de perda e ameaças diversas. Ao terminar a entrevista, o bruxo imaginado pelo menino está finalizado e bem desenhado. O entrevistador pede-lhe para dar um nome ao personagem. Então, ele retoma a folha e escreve: "PASARINHO".

Depois desse encontro, Augusto retorna para a sala de aula e, ao entrar, diz para a professora: "Agora, eu vou aprender!".

Intervenção pedagógica sobre a defasagem escolar

Após a terceira e última entrevista clínica, manteve-se, por quatro meses, o reforço pedagógico individualizado a Augusto, a fim de ajudá-lo a superar definitivamente a defasagem relacionada à aprendizagem escolar. Esse trabalho do Nipse centrou-se nas hipóteses do aluno sobre suas dificuldades na leitura e na escrita, hipóteses elaboradas durante as entrevistas clínicas então realizadas. Também se fez, inicialmente, uma avaliação do nível de escrita de Augusto, segundo proposta de Emília Ferreiro e Ana Teberosky, em estudo que o situa no nível designado silábico[5]. Para a avaliação da leitura, recorreu-se, ainda, a poemas, quadrinhas e outros tipos de composição literária igualmente favoráveis à intervenção almejada, visando-se fazê-lo perceber a musicalidade presente nas rimas e na entonação rítmica das palavras. Com base nessas variações, sua leitura, lenta e silabada no início, rapidamente apresentou melhoras. Outras atividades pedagógicas necessárias à alfabetização, de acordo com pressupostos piagetianos, buscaram sempre explorar as pressuposições da criança, a fim de se poder reconstruí-las de modo que a aprendizagem se efetivasse.

No princípio, nos encontros promovidos pelos pesquisadores, a atitude de Augusto foi extremamente tímida e, quando lhe era solicitado desenvolver alguma atividade, ele demonstrava grande desconforto. Contudo, à medida que se foi alfabetizando, tornou-se mais confiante no sucesso da realização das tarefas requeridas. Assim, ao longo da execução do trabalho planejado, pôde-se observar que o menino se foi descontraindo e se mostrando mais feliz no ambiente escolar. E avançou significativamente no aprendizado dos conteúdos escolares. Por via de consequência, os educadores deixaram de se queixar de manifestações de sexualidade dele, bem como de seu comportamento em geral. A desconfiança que o associava a roubo de brinquedos ou material escolar de colegas do menino foi completamente esquecida e a professora de reforço destacou tanto avanços intelectuais do aluno quanto modificações significativas em seu interesse pelas atividades escolares.

Conversação devolutiva do estudo de caso:
releitura do sintoma Augusto

Esse quadro tão positivo, surpreendentemente não foi reiterado pela professora de Augusto. Alegando não ter percebido qualquer mudança no aluno, continuou reafirmando que ele não se esforçava, não se interessava pelas aulas, se mantinha preguiçoso e dormia durante as aulas. A descrença dessa educadora na capacidade do menino para saber e aprender acabou por implicar consequências e, na sala de aula, configurava-se um obstáculo ao desenvolvimento da criança. Uma mudança nesse olhar apenas se tornou possível após uma *Conversação* final com os professores e gestores da escola sobre as intervenções feitas pela equipe do Nipse.

Antes dessa *Conversação* conclusiva, que se constitui, também, uma modalidade de intervenção, a acima referida professora, convicta da manutenção do quadro ou, mesmo, da piora de Augusto, atribuía--lhe apenas atividades diferenciadas das propostas ao restante da turma.

Durante esta *Conversação*, ela insistiu em expor sua pressuposição de que Augusto era portador de um bloqueio mental, denegado pela própria mãe dele. Enquanto a palavra circulava, falou-se não só do menino, mas também de outros alunos-problemas da escola. Um dos professores presentes afirmou que esses alunos precisavam de atendimento psicológico, mas isso não acontecia, porque os pais deles eram relapsos e não assumiam tal responsabilidade. Outro educador queixou-se de não estar preparado para trabalhar com alunos desse tipo. Por outro lado, um professor surpreendeu ao dar testemunho de contatos mantidos com Augusto. Começou, de forma completamente diferente, descrevendo-o como um menino muito esperto, capaz de entender as atividades de que era convidado a participar e, mesmo, de liderar algumas delas. Considerando sua experiência pedagógica, descartou decididamente qualquer hipótese de atraso cognitivo do aluno. Os relatos desse professor foram bem convincentes e mudaram o rumo da discussão. Os professores passaram, então, a se indagar sobre o que se passava com Augusto e, nessa perspectiva, puseram em questão as próprias explicações, o que abriu espaço para uma troca de experiências com alunos-problemas, portadores de comprovados impasses na aprendizagem escolar. E, para tanto, relataram práticas "inventadas" em face de contingências enfrentadas em salas de aula. Considerando-se os objetivos visados pelos educadores responsáveis, algumas dessas práticas foram decisivas para permitir-lhes sucesso com certos alunos; outras mostraram-se ineficazes.

O saber que nasce da experiência docente pôde, pois, ser compartilhado, revisto, ajustado e, sobretudo, reapropriado, dando provas da passagem de uma falação queixosa a uma autêntica *Conversação*.

Quando isso acontece, assiste-se à produção de novo saber, justamente o que a pesquisa/intervenção de orientação psicanalítica espera promover.

CASO II

MENINA IMATURA, INFANTIL
OU ARIANE: *"BONECA DA MAMÃE"*

"O discurso analítico traz uma promessa: introduzir o novo. E isso, coisa incrível, no campo a partir do qual se produz o inconsciente, já que seus impasses, certamente entre outros, mas em primeiro lugar, revelam-se no amor."

Jacques Lacan

Apesar de já ter 10 anos de idade, Ariane ainda não sabe ler nem escrever. Ingressou na escola com seis anos completos e, quatro anos mais tarde, a situação de seu aprendizado escolar é avaliada como inalterada:

Ela não teve nenhum avanço! Um ano na escola e ainda pegava o lápis com a mão crispada. Chorava muito ou ficava estática, com um sorriso congelado no rosto. Diz apenas uma coisa: 'Eu tenho uma boneca'. Este é o único assunto dela. Se não diz: 'Minha mãe tem uma boneca'

A menina foi indicada para um estudo de caso a ser desenvolvido na sua escola, sob a alegação de que "[...] não temos dúvida quanto à indicação. Ela até reconhece o seu próprio nome escrito, mas não conhece as letras separadamente. Diz o nome das letras aleatoriamente". A dificuldade extrema com a aprendizagem, constatada na trajetória escolar dessa aluna, levou os educadores a incluí-la na lista das crianças que precisavam de atendimento educacional especializado. A Sala de Recursos da instituição constituiu, de imediato, uma opção. A hipótese de deficiência mental não é mencionada de forma explícita, mas resta subentendida nesta afirmação: "Ariane apresenta três anos de atraso em relação à sua idade cronológica".

41

A menina não foi submetida a qualquer avaliação psicológica, como se comprova em seus documentos escolares. Entretanto, nessa formulação dos professores, pode-se reconhecer a postulação de Alfred Binet sobre a debilidade mental revelada ao teste de inteligência, ainda hoje:

> São chamadas débeis todas as crianças que conseguem se comunicar verbalmente e por escrito com seus semelhantes, mas que apresentam um retardo de dois anos, se têm menos de nove anos; e *retardo de três anos, se elas têm mais de nove anos.*[6] (Destaque das autoras)

Esse diagnóstico sobre Ariane fundamentou-se na lentidão e no atraso determinados pelo "afrouxamento" verificado no ritmo do desenvolvimento considerado normal e foi construído com base no que os educadores identificavam no comportamento caracterizado como "infantilizado" e "imaturo" da aluna: "Ela carrega uma boneca e sempre diz: 'Eu tenho uma boneca'. Hoje, já se desenvolveu. Comunica-se um pouco mais. Responde baixinho, quando é questionada. Antes, só ria ou chorava".

A família e o social na explicação do fracasso escolar

O fracasso escolar de Ariane foi "deixado no canto da sala de aula" por todo um ano letivo. A partir da metade do segundo ano de escolaridade, o choro da menina passou a gerar certa angústia e mal-estar, o que convocou explicações para apaziguamento. Buscou-se, inicialmente, compreender a situação da menina como produto da condição de vulnerabilidade social de sua família e fragilidade de sua genitora para enfrentar as adversidades da vida. Foi precisamente neste ponto, em que se pressupôs uma falta no Outro materno de Ariane, que os educadores, muito além das funções que lhes competem na escola, tomaram para si a responsabilidade de prestar assistência a alguns alunos e membros das respectivas famílias.

Entre outros exemplos dessa dedicação assistencial, destaca-se a iniciativa de uma professora de providenciar uma festa de aniversário para Ariane, que nunca tinha sido contemplada com uma comemoração desse tipo. Essa aluna tinha dificuldades de aprendizagem, não sabia nem mesmo a data de seu nascimento e a situação financeira de sua família era precária. Em face desse quadro, a ideia da festa concretizou-se como tentativa de remediar uma falta e de introduzir a menina no que se julgava "normal". Por um lado, pode-se observar que não foi considerada a possibilidade de a angústia resultante dessa falta concernir à professora e não à aluna. Por outro, o estabelecimento de um padrão de normalidade permite estabelecer, para todos os que não respondem a tal padrão, uma condição de inferioridade ou de subdesenvolvimento. Essa estratégia abole, pois, a aceitação da diferença e, por via de consequência, favorece a segregação dos "diferentes".

No caso de Ariane, a diretora da escola encarregou-se de custear, com recursos próprios, um curso profissionalizante, que ela mesma escolheu, para a mãe da aluna. Diante do fracasso dessa pretendida solução, restou a explicação de que é difícil superar a pobreza e a preguiça dos "pobres". Outras considerações sobre o tipo de configuração da família da menina e os modos de satisfação a ela associados, bem como a respeito de alguns comportamentos de seus integrantes, em que se inclui a escolha das roupas que usam, foram tecidas e também muito criticadas. Não se deixou, contudo, de reconhecer que a mãe da aluna participava da vida da filha.

A que soluções pedagógicas recorrer?

Ao longo do terceiro ano de escolaridade de Ariane, outras propostas de solução para os problemas dela na instituição foram encaminhadas: acompanhamento fonoaudiológico, porque a menina apresentava dificuldades para de se expressar por meio da fala; frequência à Sala de Alfabetização no contraturno, visto que ela ainda não reconhecia letras de imprensa minúsculas; participação em atividades na Sala de Recursos, com apoio de professor especializado, pois a aluna não conseguia se concentrar de acordo com o esperado de crianças de sua idade e sua coordenação motora se mostrava deficiente; enturmação em classes de primeiro ano, de crianças mais novas, já que tal medida poderia privilegiá-la pela possibilidade de ela se favorecer das práticas iniciais do processo de alfabetização.

No final do segundo semestre desse mesmo ano (3º ano de escolaridade), a mãe de Ariane procurou a escola para saber se a filha teria condições de ser aprovada e passar para o segundo ano. Na oportunidade, na avaliação do percurso da aluna, considerando-se os atendimentos propostos para tanto, afirma-se:

A professora tentou trabalhar com ela individualmente, mas não houve progresso. Ela não se concentra. Seus conhecimentos e raciocínio matemático estão aquém do nível dos outros alunos e de sua idade. Tenta escrever seu primeiro nome com letra cursiva, mas fica incompleto; identifica as letras do alfabeto, mas não reconhece algumas letras de imprensa minúsculas; tenta juntar as letras para formar sílabas, mas não consegue; não consegue ler. Escreve apenas com letra em caixa alta. Demonstra insegurança para realizar os comandos das atividades. Reconhece cores e figuras geométricas, classifica objetos. Reconhece os algarismos até 10 (dez), mas ainda não faz a correspondência entre o numeral e a quantidade; sabe contar até 20; faz adição e subtração com resultados até nove com a ajuda da professora; não consegue resolver problemas. Não tem capricho.

"Em que lugar colocar essa menina?", eis a questão dos professores e diretores da instituição.

Aluna assídua, Ariane era obediente, disciplinada e relacionava-se bem com os colegas. Demonstrava interesse em realizar as atividades escolares, mas era muito lenta para executar as tarefas que lhe eram propostas. Além do mais, tinha um olhar sempre ausente e distante da situação vivenciada a cada momento. Por isso, a escola encaminhara-a para tratamento psicológico e psicopedagógico. Dificuldades diversas, inclusive de familiares da menina fizeram, porém, com que essas formas de tratamento fossem interrompidas após um mês e não retomadas em outra ocasião.

Os professores estavam certos de que Ariane não tinha condições de ser colocada no quarto ano, série dos alunos de sua faixa etária.

Cursava então, como se disse antes, o segundo ano. Em nova avaliação pedagógica, no final do primeiro semestre do ano seguinte, quando a menina já completara 10 anos de idade, registrou-se: "A aluna não apresenta resultados compatíveis com os padrões do grupo etário que estava frequentando". Recebia atividades diferenciadas em sala de aula e para fazer em casa, mas não conseguia executá-las:

> Quando recebe uma folha de atividades, espera ajuda ou procura auxílio dos colegas que a acolhem; sempre aguarda alguém que lhe dê orientações de forma individual; senta-se na carteira próxima da professora, mas distrai-se com facilidade.

Em tal avaliação, as dificuldades da aluna, anteriormente detectadas, no que concernia à escrita e à leitura foram corroboradas; noutra perspectiva, porém, confirmou-se que a menina ainda se encontrava em processo de alfabetização.

A resistência de Ariane em face de todas as propostas pedagógicas desenvolvidas com vistas a promover seu avanço na aprendizagem alimenta a questão: *O que essa menina tem?* Incluída na escola, ela permanecia em situação de exclusão, pois não havia turma a que ela se adequasse. Daí a questão: "Em que lugar colocar essa menina?", que se formula na época. A falta de autonomia para realizar as tarefas escolares e sua atitude infantil – tomada pelos educadores como atraso no desenvolvimento geral e intelectual –, aproximavam a aluna de um possível quadro de deficiência intelectual.

Entrevista clínica: "saída" da posição estática

Ariane apresenta-se para a primeira Entrevista Clínica de Orientação Psicanalítica (ECOP) de mãos dadas com sua professora, mostrando-se ressabiada. Resiste a entrar na sala, mas muda de ideia depois de ser informada sobre o propósito do encontro, bem como sobre a possibilidade de ela ir embora a qualquer momento, se assim o desejasse. Para propiciar-lhe um clima mais acolhedor, a entrevistadora, sabedora de que a menina acabara de chegar de uma excursão ao Jardim Zoológico da cidade, incentiva-a a falar do passeio e dos animais que viu. Em seguida, solicita-lhe registrar o nome de seus animais favoritos, a fim de começar a analisar as dificuldades da aluna com a escrita. Essa atividade permitiu verificar que Ariane se encontrava no nível de escrita pré-silábico da escala de Ferreiro e Teberosky[7], fase em que as crianças em processo de alfabetização utilizam as letras aleatoriamente, por ainda não compreenderem que a escrita representa a fala.

No início, a conversa com Ariane não é fácil. Menina de poucas palavras, ela apenas esboça um sorriso para confirmar o recebimento de perguntas e "provocações" da entrevistadora. Algum tempo depois, no entanto, espontaneamente, ela pega papel e lápis de cor colocados à sua frente e começa a desenhar uma casa e algumas figuras, deixando claro que se trata de integrantes de sua família. Enquanto vai esboçando esse desenho, ao contrário do revelado em suas primeiras reações, fala com desenvoltura e relata diversos aspectos da rotina de sua vida familiar: a ocupação profissional de cada um dos membros que a compõem, a divisão das tarefas domésticas, a preparação e o momento das refeições.

O pai e a mãe são representados no interior da casa e ela, a filha caçula, figura ao lado deles. Os irmãos, retratados em ordem crescente, têm os respectivos nomes escritos em letras de forma maiúsculas. Enquanto faz essa identificação, Ariane comete um ou outro erro, insignificantes para a legibilidade de cada nome. Esse registro, característico do nível de escrita alfabético, leva a se pensar, preferentemente, na existência de inibição em vez de na de limitação cognitiva à aprendizagem. O traçado do desenho é firme e bem definido, o que, consideradas as circunstâncias em análise, faz questionar-se a hipótese de atraso motor. Ariane finaliza o trabalho, preenchendo os espaços em branco da folha com muitos corações vermelhos, de todos os tamanhos.

Segundo a menina, no final do dia, antes do anoitecer, quando todos retornam para casa – a aluna, após a conclusão do turno integral da escola; os pais, depois de saírem do trabalho, e também os irmãos –, ela e seus familiares sempre se encontram. Um detalhe desse relato chama a atenção: todos os dias, pouco antes de sua mãe chegar, Ariane aninha-se na cama de casal e, lá, fica cochilando, quietinha, esperando ser encontrada. E justifica esse procedimento: "A cama da minha mãe é muito boa e quentinha. Ela deixa eu ficar lá".

Esse ritual cotidiano só foi explicitado na segunda ECOP, em decorrência das questões que Ariane reitera como tema de suas preocupações. Revela premente urgência em resolver tais questões: a aluna, inicialmente, pede informação sobre uma provável ação do Conselho Tutelar, tendo-se em vista sua situação familiar e escolar. E quer saber, ainda, se, considerando o fato de ela não se sair bem na escola, a entrevistadora e sua equipe poderiam separá-la de sua mãe. A título de esclarecimento, é-lhe afirmado que o Conselho Tutelar, órgão público defensor e garantidor dos direitos das crianças no Brasil, só interfere na relação mãe/filhos quando ocorre abandono, comprovação de maus-tratos ou falecimento da mãe e não há outro parente para assumir a criação delas.

Aliviada, Ariane passa a falar de parentes que já faleceram: "a mãe de minha mãe", "o irmão de minha mãe" e "o pai de minha mãe". No entanto o relacionamento mãe/filhos e a ameaça de separação são retomados, logo depois, em função de histórias familiares e do jogo predileto da menina: brincar com boneca. Ela tem uma boneca favorita, presente de sua mãe, que, por sua vez, também tem uma boneca favorita, que fica guardada dentro de um saco plástico para evitar que alguém toque.

Ariane teme que sua mãe saia para trabalhar e não volte – ou seja, tem medo de perdê-la. Por isso, na ausência da mãe, agarra-se à boneca favorita dela e fica estática, dominada por esse medo. Na oportunidade, a entrevistadora evidencia-lhe: "Hoje, você conseguiu dizer o que te preocupa" e, nesse ponto de conclusão, propõe-lhe o início do trabalho de intervenção pedagógica.

Numa terceira entrevista, na semana seguinte, a conversa gravita em torno da relação da mãe de Ariane com as bonecas. A menina fala muito de sua brincadeira preferida e de suas angústias. Dessa vez, é-lhe sinalizada uma diferença entre ela e a mãe no trato com as bonecas:

Sua mãe gosta de bonecas. Mas, para ela, as bonecas devem ficar guardadas, não ser tocadas. Você parece pensar diferente. Acha que as bonecas são para brincar! Além disso, você percebe que sua mãe ama a boneca e queria ser amada da mesma maneira. Mas, para ser amada, não precisa ser uma boneca parada, guardada, boneca de enfeite. É preciso dar vida às bonecas e, isso, só brincando.

A posição de "filha/boneca estática" ressalta o lado "mortífero" da identificação assim exposta. Introduzir uma diferença entre Ariane e sua mãe no tocante ao trato com o objeto "boneca" é o que vai permitir a suspensão de tal identificação, cujo efeito consiste na vivificação do sujeito.

Intervenção pedagógica: da alfabetização ao letramento

No início da intervenção pedagógica, Ariane demonstra ser capaz de juntar letras e formar sílabas, o que não se efetiva no ato de escrever. Por isso, diante da figura de uma banana, por exemplo, ela diz: "Já sei. É BANANA. Com B e com A, igual a BA; N com A, NA; N com A, NA: BANANA". Ao passar para a escrita, porém, ela registra as seguintes letras: LEPS. Quando lhe é pedido para ler o que havia escrito, ela se atrapalha e informa não conhecer bem as letras.

QUESTÃO 12

DITADO DE PALAVRAS
ESCREVA NAS LINHAS ABAIXO AS PALAVRAS QUE SEU(SUA) PROFESSOR(A) VAI DITAR.

1. formiga
2. efeite
3. sabonite
4. Boneca
5. pirulito
6. Banana
7. café
8. jogo
9. câneca
10. pato
11. rato
12. pá

QUESTÃO 12

DITADO DE PALAVRAS
ESCREVA NAS LINHAS ABAIXO AS PALAVRAS QUE SEU(SUA) PROFESSOR(A) VAI DITAR.

AVALIAÇÃO DIAGNÓSTICA: ALFABETIZAÇÃO NO CICLO INICIAL **14**

O trabalho com a pedagoga teve duração de seis meses. Como demonstram os exercícios da "QUESTÃO 12", realizados, respectivamente, no início (FIG.1) e no final da intervenção (FIG. 2), verifica-se significativo progresso no aprendizado de Ariane. O resultado final tornou difícil sustentar-se a hipótese de deficiência intelectual da aluna. Constatou-se, no entanto, à época, a importância de a intervenção pedagógica então disponibilizada para Ariane ter tido continuidade.

Nas ECOPs e na intervenção pedagógica desenvolvidas em espaços institucionais, o trabalho do Nipse não visa apenas à constatação de fenômenos sintomáticos e indesejados que implicam o fracasso escolar, mas busca modificar essa realidade. Qualquer que seja o foco de manifestação do sintoma – alunos-problema, professores, gestores ou escolas –, uma mudança é sempre esperada. As modalidades de intervenção implicam, nessa perspectiva, duas ofertas, distintas uma da outra.

No caso de Ariane, a intervenção clínica promoveu a suspensão da identificação do sujeito com a "boneca estática", que repercutia em vários aspectos da vida da menina, inclusive em seu processo de escolarização. Tal fato clínico fundamental produziu efeitos, mas por si só não foi suficiente para promover a conclusão da aprendizagem visada. De fato, os professores observaram uma série de repercussões positivas do trabalho realizado com essa aluna. Destacaram, sobretudo, respeitável ganho da aluna no que concerne à autonomia aumentada na execução de atividades na sala de aula e à independência demonstrada na relação com os colegas. Na intervenção pedagógica praticada no contexto descrito a menina alcançou colher bons frutos e revelar-se eficaz apenas depois dos acontecimentos clínicos relatados. Impõe-se, no entanto, que o apoio pedagógico individualizado tenha continuidade e se faça de forma sistemática, até que se torne possível verificar a aquisição da leitura e da escrita, bem como a condição de letramento da criança, resultante de sua apropriação dos recursos simbólicos básicos necessários para tanto. Assim, à Ariane, agora alfabetizada, falta ainda dar dois novos passos: ampliar seu universo no tocante às aprendizagens e fazer uso competente da leitura e da escrita como prática social.

CASO III

DÉFICIT COGNITIVO E DISTÚRBIO DE CONDUTA OU ARISLEY: *"É SÓ JUNTAR LETRAS E VER O QUE VAI DAR"*

"O ser falante é o poeta [...], o sujeito é antes o poema. É assim que Lacan o indica: sujeito é antes o ser falado. A psicanálise efetua, sobre o poema subjetivo, um tipo de análise textual que tem por efeito extrair daí o elemento poético, a fim de destacar o elemento lógico."

Jacques-Alain Miller

"Eu ainda não sei ler", informa Arisley, de 9 anos de idade, antes das apresentações que introduzem a primeira Entrevista Clínica de Orientação Psicanalítica (ECOP). Aos 2 anos de idade, ele frequentara a Escola Materna e, à época, estava cursando o terceiro ano do Ensino Fundamental, em período integral. Suas dificuldades no aprendizado da leitura e da escrita foram detectadas, bem cedo, por seus professores do primeiro ano, que, por isso, lhe diagnosticaram "déficit cognitivo" e "distúrbio de conduta". O aluno fora, então, encaminhado para tratamento fonoaudiológico – por troca de "r" por "l" na fala – e psicológico – em função de enurese diurna.

Ainda na escola, destacava-se a observação de que Arisley distorcia a realidade por excesso de fantasias. O conteúdo de suas falas era o que mais o identificava a uma criança com sérios problemas no tocante à realidade: "Ele não diz coisa com coisa"; "Sua fala é desconectada"; "Vive em um mundo irreal, sem nenhuma abertura para o aprendizado da escola".

O que fazer com esse menino?

Um vasto repertório das diversas interpretações do comportamento de Arisley tecidas pelos professores e dirigentes da instituição convergia para a mesma hipótese: a de o aluno ser portador de uma deficiência diferente, ainda não identificada. Os dados mais relevantes do estudo do caso, entretanto, foram obtidos nas entrevistas realizadas pela equipe do Nipse com a criança e seus pais. Por essa via, a "diferença" logo foi posta em destaque, como se verá a seguir, mas não no campo de doenças orgânicas e, sim, no plano do sintoma do sujeito.

Versões da causa do sintoma na escola

No início da primeira entrevista clínica, Arisley é interpelado sobre o sintoma que ele representa para a escola. Tentando esclarecer, ele apresenta sua versão do que acha que o atrapalha no processo de aprendizagem:

> — É porque os meus colegas não gostam de mim. Na outra escola que eu estudava, eles gostavam.
>
> — O que você acha que acontece com os colegas dessa escola?
>
> — As meninas são muito bravas. Se a gente chega perto delas, elas batem.
>
> — E os meninos?
>
> — Também batem, mas não em meninas.
>
> — O que faz você bater?
>
> — As meninas falam mentiras. Falam escondido, uma na orelha da outra.
>
> — Você acha que estão falando de você?
>
> — É. Aí bato em quem mexe comigo, nos meninos. Na minha sala, as meninas só batem em mim.
>
> — Porque você acha que isso acontece?
>
> — Porque elas gostam.
>
> — Você está falando de amor?
>
> — Não. De vergonha.
>
> — O que é vergonha, para você?
>
> — Passar fome.
>
> — Você passa fome?
>
> — Sim e não. Em casa, faço pipoca.

Arisley expõe uma de suas ideias, construída com base na comparação entre diversos tipos de residência – casas e apartamentos. Segundo ele, a aparência das edificações indica se as pessoas que as habitam têm pouca ou muita variedade de alimento em casa e apresenta suas cogitações a respeito. Em seguida, fala da escola e, também, de seu passatempo favorito em casa: assistir a filmes na televisão – como exemplo, cita *A bela e a fera*, comentando que "a fada transformou a fera, porque ele era muito bravo".

Em outra ECOP, sem a presença de Arisley, sua mãe estima que as dificuldades de aprendizagem do filho têm relação com a atitude da professora do primeiro ano: "Ele fazia xixi na sala e ela debochava dele diante de todos". Sobre o comportamento do menino, confirma que, realmente, ele é muito agitado, não sossega, vive dançando e se movimentando. Informa, inclusive, que ele já expressou, várias vezes, o desejo de fazer dança de rua. Por outro lado, ressalta que ele é muito inteligente, pois comenta tudo o que acontece na escola e no bairro onde moram:

> Doido ele não é, nem retardado. Mas esquece tudo. Reclamam muito dele, como se fosse o pior aluno da escola. Dizem que é desobediente, que responde, fala palavrão. Em casa não é assim. Vou conversar com ele e ele diz que é mentira das professoras. Na educação, tem que ser firme com os meninos. Eu acho que a professora não é.

Durante essa entrevista, a mãe de Arisley exalta-se ao falar de sua inquietação com os perigos existentes no bairro onde moram e com as possíveis más influências que o menino pode sofrer lá. Por temer que o pior possa atingir seu filho e para prevenir-se disso, adverte-o todos os dias dos cuidados que deve tomar contra a maldade circundante, repete conselhos, relata ameaças, conta casos nefastos. Nesse momento, é-lhe assinalado que, apesar da intenção de proteger o menino, ela podia estar se excedendo e transmitindo à criança muito da própria angústia em face da morte. Ela defende-se mediante exaustiva argumentação, buscando convencer os pesquisadores dos riscos reais do espaço social em foco. Depois, conclui: "Você não conhece essa realidade e Arisley não tem juízo, não tem maldade. É levado pelos colegas".

Encerrou-se essa entrevista na expectativa de que tal pontuação, embora recusada de imediato, pudesse surtir efeito. A aposta era a de, pelo menos, fazer com que, para além dos dados da realidade, o sujeito – a mãe de Arisley – pudesse se dar conta de suas ansiedades, bem como, se isto acontecesse, conseguir que tais inquietações não fossem mais tão maciçamente projetadas sobre o menino. Identificar e devolver aos pais o que os aflige são procedimentos que, muitas vezes, permitem às crianças se separarem do sintoma de seus genitores, para, enfim, poderem se ocupar da construção do seu próprio sintoma. Considerando essa articulação entre o sintoma da criança e o do Outro, afirma Jacques Lacan: "[...] o sintoma da criança acha-se em condições de responder ao que existe de sintomático na estrutura familiar" [1].

Em outra data, o pai de Arisley também comparece à escola para uma entrevista de que o menino participa. Na ocasião, as palavras que ele escolhe para falar do filho remetem, de imediato, à fala dos educadores: "Ele não fala coisa com coisa. Parece que está no mundo da lua. Ele faz as mesmas coisas, erra o nome dele. Ainda precisa de colo. Parece que tem um atraso. Nunca aprendeu o controle do xixi".

Sobre os perigos do lugar onde mora com sua família, o pai manifesta receios semelhantes aos de sua esposa, o que evidencia o estado de tensão em que vivem cotidianamente, por medo de que algo terrível possa acontecer com eles e, especialmente, com o filho. Observa-se, contudo, uma sutil distinção entre o temor paterno e o materno: enquanto a mãe de Arisley concentra nas pessoas a fonte de perigos e ameaças que podem influenciar e destruir seu filho, para o pai são as contingências do dia a dia que podem lhe furtar até a vida do menino: "Ele volta sozinho da escola para casa. Já pensou se um dia cai num buraco ou se afoga no lago? Tudo pode acontecer. Tenho medo. Tenho medo, desde que ele ficou mais independente".

No final da entrevista, ele quer saber se Arisley tem "problema de cabeça". Essa dúvida é importante, porque sinaliza um questionamento sobre as certezas que ele tem e que repetem o discurso dos outros a respeito dos problemas do menino. Exatamente no ponto em que essa pergunta se apresenta, abre-se um espaço para algo do saber paterno se manifestar, como se pode verificar neste trecho da entrevista:

— O senhor acha que ele tem problema de cabeça?

— Sinceramente?

— Claro que sim! Pode dizer o que realmente pensa.

— Acho que ele tem o gênio forte, como a mãe dele. Debate como ela, igualzinho a ela!

Os impasses da criança: doenças e nomes

Na segunda ECOP com Arisley, é-lhe informado, inicialmente, que cada um de seus pais tinha comparecido à escola para uma conversa com a entrevistadora. Interrogado sobre terem eles feito alguma menção a tais encontros, Arisley responde laconicamente: "Não". A propósito, a pesquisadora comenta: "Os seus pais têm muito medo". "Quê? De quê?", indaga o menino com o semblante desconfiado. "De acontecer alguma coisa ruim com você. Foi o que me pareceu. Você também acha isso?" A essa pergunta Arisley responde com o silêncio e, tranquilamente, passa a comentar as reformas na construção e a pintura nova, que devem ser feitas em sua casa – assunto que tratara na primeira entrevista – e aproveita para relatar como seus familiares ocupam o espaço doméstico. No entanto, já com lápis na mão, começa a esboçar um desenho. Faz um traço e observa a entrevistadora; faz outro traço e observa-a novamente. E explica: "Eu estou te desenhando".

Aproveitando a oportunidade, a entrevistadora descreve para os demais presentes à *Conversação* o que tinha acontecido quando ela fora buscar Arisley na sala de aula. Assim que ela abriu a porta, uma criança gritou: "Leva eu!". A professora perguntou: "Levar para onde? Você não sabe se ela vai levar e para onde está levando!" Arisley replica: "Eu sei. Ela está levando os meninos que não sabem ler." "Quem não sabe ler nesta sala?", questionou a entrevistadora e, então, todos os alunos responderam afirmativamente, levantando a mão. Diante dessa manifestação coletiva, ela observou: "Assim, vou ter que levar a turma toda!" Referindo-se à atividade em realização na classe – explorando revistas em quadrinhos –, ela observou para as crianças que o que estavam fazendo é ler. A professora reitera essa informação e, em seguida, refez a pergunta na forma afirmativa: "Quem sabe ler nesta sala?". E quase todos os alunos levantaram a mão, com a exceção de Arisley e Augusto, outro aluno igualmente incluído no projeto de pesquisa/intervenção em desenvolvimento na escola. A entrevistadora concluiu: "Vou levar Arisley, se ele desejar vir, e, depois, ainda hoje, podemos conversar com Augusto".

Enquanto isso, Arisley finaliza seu desenho e, imediatamente, inicia outro, que intitula: "O motoqueiro fantasma". O novo desenho representa o personagem de um filme, que tem tatuada, no braço esquerdo, a imagem de um leão. O menino logo esclarece que aquele motoqueiro "pega fogo, mata gente do mal". Continuando, na mesma folha, ele desenha, ao lado do personagem, um cachorro e o Gato de Botas, ambos muito bem traçados. E, em outro canto, retrata um menino dormindo, que representa ele mesmo:

— Por que você se desenhou dormindo?

— Porque todo mundo dorme. Você dorme.

— É verdade. Geralmente, todos dormem...

— Mas tem um tio meu que não dorme.

— Por que ele não dorme?

— Porque é doente.

— Que doença ele tem?

— Dengue.

Nesse momento da entrevista, percebe-se o interesse de Arisley em abordar o tema "doença", embora, de forma muito imprecisa, ele se refira à dengue. Esse nome está estampando nas paredes da escola e por toda parte no bairro, em função de uma ampla campanha pública de prevenção. Considerando a estrutura de metáfora – ou seja, o fato de essa doença se ter inscrito em substituição a outra – e visando à emergência de alguma nova ideia, a entrevistadora faz um breve esclarecimento sobre a dengue, caracterizando-a como infecção viral. O menino escuta e dá sequência a suas ideias:

— O meu tio só dorme de dia. Se eu abrir a porta, ele acorda. É bravo. Não deixa ninguém entrar no quarto dele.

— Como é o nome dele?

— Tiotio.

Desse ponto em diante, a conversa toma um rumo diferente e as colocações de Arisley tornam-se extremamente confusas. Nesse contexto, sobressai a grande dificuldade do menino para identificar as pessoas pelos nomes próprios e para saber quem é quem nas relações de parentesco. Ele inventa nomes para batizar pessoas que conhece, mesmo quando sabe o nome próprio delas – por exemplo, chama a entrevistadora de "Titanic"; em um de seus desenhos, designa um personagem como "Falenboi"; apelida a empregada doméstica de "Madrinha", que, categoricamente, declara ser o "nome de batismo" dela. Segundo afirma, seus familiares não têm nomes. Essa é a maneira de o menino introduzir o essencial do impasse que vivencia com relação a seu nome próprio, o que apenas se decifrou na terceira entrevista clínica.

O enigma do sujeito com o nome próprio: a diferença captada no real do corpo

Arisley precipita-se sala adentro, assenta-se numa cadeira e pergunta à entrevistadora: "Como as crianças crescem?" Essa pergunta é-lhe devolvida de seguinte maneira: "Você é um menino muito observador. Observa as casas, os apartamentos e os compara... O que já observou sobre o crescimento das crianças?" Sua resposta é inesperada: aponta para uma cicatriz na mão esquerda e informa que, naquele lugar, ele tivera um sexto dedo. Com base nesse detalhe, que caracteriza seu corpo, o menino tenta explicar outra marca, seu nome próprio, que, para ele, é muito diferente, sobretudo se comparado ao nome de seus colegas de turma. Em face dessa diferença enigmática, Arisley construiu uma explicação, associando seu nome próprio a essa marca de diferença, que, para ele, indicava um defeito e o incomodava.

A entrevistadora diz-lhe que o problema físico a que se refere tinha um nome: polidactilia. No caso dele, não parecia ter-se tratado exatamente de um dedo, com função e movimento, mas apenas de uma profusão carnosa, que fora removida, quando ele nasceu, por uma questão puramente estética e não por se constituir uma doença. Assim sendo, a remoção explicava-se pelo incômodo que, mais tarde, poderia causar a quem nascera com ela. Arisley escuta atentamente e, na sequência, toma a palavra para explicar seu nome próprio: "Foi escolha do meu pai: 'Ari' é o nome do melhor amigo dele; 'sley', ele inventou. Meu apelido, lá em casa é 'Leley'". Em seguida, pede para fazer um desenho. Na folha, representa um dragão e um cavalheiro numa montanha da Floresta dos Dragões:

— O que está acontecendo?
— O dragão está matando o cavalheiro.
— Matando ou atacando? Pergunto isso, porque está lançando fogo e o cavalheiro se defendendo com seu escudo.

Diante dessa observação, Arisley acrescenta ao desenho uma espada, que coloca na mão do cavalheiro. "O que o cavalheiro foi fazer na montanha do dragão?", pergunta-lhe a entrevistadora. E, prontamente, o menino responde, com ar de triunfo: "Ele foi matar o dragão!" Finalizado o desenho, ele relata passagens do filme *Como treinar o seu dragão*, em que crianças adestram dragões, que se tornam seus amigos na luta contra os perigos do mundo em que vivem.

De ameaçado a dotado de força fálica, eis o que, nesse desenho, Arisley sinaliza, demonstrando a virada que ele pôde realizar no curso das ECOPs, ou, mais precisamente, o que realizou em seu proveito nos encontros pontuais com um psicanalista, na escola. O texto da transcrição das entrevistas promovidas com esse aluno evidencia, de forma bem definida, o embaraço dele com nomes próprios, o que se expressa, a princípio, de forma desorganizada e desprovida de razão. Logo depois do último encontro, sua habilidade para visualizar, observar e diferenciar detalhes ganhou novo terreno: para além do campo da imagem dos objetos e do corpo, o aluno alcançou o domínio da forma das letras, bem como de sua função e uso simbólico. É o que Arisley anuncia, pouco tempo depois, ao se precipitar, mais uma vez, sala adentro para comunicar: "Sei ler, mas devagar. Você sabe? É só juntar letras e ver o que vai dar".

CASO IV

ABACAXI OU BEATRIZ: *"POSSO SER MUITA COISA"*

"A inquietante estranheza, incontestavelmente, provém do imaginário. [...]
na articulação do imaginário do corpo, alguma coisa como uma inibição
específica que se caracteriza especialmente pela inquietante estranheza."
Jacques Lacan

Beatriz tem 18 anos de idade e cursa o segundo ano do Ensino Médio. Numa *Conversação* diagnóstica realizada com os professores da escola onde ela estuda, foi indicada para um estudo de caso. O objetivo, nessa oportunidade, era verificar se uma lista de alunos-problema, anteriormente estabelecida pela Diretoria e pela Coordenação Pedagógica da instituição, podia ser confirmada. Considerando-se a experiência dos docentes com seus alunos, no cotidiano da sala de aula, a referida lista foi retificada e ampliada, o que possibilitou a inclusão de Beatriz, que constituía um enigma no âmbito da escola: já tinha passado por vários professores e nenhum deles sabia dizer por que ela apresentava tanta dificuldade de aprendizagem.

O levantamento de alunos-problema resultara, de início, numa lista exaustiva, que abrangia, até mesmo, três turmas inteiras. Nessa *Conversação*, em face da demanda dos pesquisadores do Nipse de reflexão mais aprofundada a respeito de cada um dos alunos nela relacionados, de forma a reduzi-la a apenas cinco casos, seguiu-se uma discussão muito produtiva, que permitiu categorizar os problemas enfrentados na escola em três tipos:

1. Casos enigmáticos — aqueles em que os professores constatavam extrema dificuldade de aprendizagem, mas não sabiam dizer nada sobre o que acontecia com os alunos.

2. Casos de saúde mental — aqueles para os quais se cogitava a hipótese de existência de transtornos psíquicos ou problemas mentais mais graves.

3. Casos de cognição — aqueles em que a pressuposição de dificuldade de aprendizagem se atrela a uma possível deficiência intelectual.

Na lista final, o nome de Beatriz figurou como um dos casos enigmáticos a serem estudados. Como, na época, não havia muito conhecimento a respeito dos problemas de aprendizagem dos alunos enquadrados nessa categoria, eram comuns os comentários esparsos que associavam o incompreensível de cada situação a questões familiares tidas como problemáticas. Os pesquisadores foram, então, informados de que Beatriz tinha um irmão drogadicto, de que a mãe dela abandonara a casa e de que sua família era complicada. Mesmo assim, a questão fundamental dos docentes permanecia: *O que essa menina tem?*

Entrevista clínica: a incógnita da sexualidade na Matemática

O estudo do caso teve início com o consentimento de Beatriz em participar de uma Entrevista Clínica de Orientação Psicanalítica (ECOP). Nos documentos da escola, não havia registros particulares dela – ou seja, sua ficha de matrícula não continha dados sobre a situação escolar da aluna nem menção a qualquer acompanhamento pedagógico ou indicação de diagnóstico sobre dificuldades detectadas. Configurou-se, pois, não haver saber construído para explicar o caso, o que não passou despercebido na investigação dos pesquisadores.

No primeiro contato, após a apresentação da entrevistadora e da equipe do Nipse, assim como da proposta da pesquisa/intervenção a ser desenvolvida, Beatriz questionou, imediatamente, o motivo de seu nome estar na lista de alunos indicados para aquele trabalho, argumentando que, na escola, havia "meninos piores do que ela". De fato, ela não se posicionava entre os "piores" da escola, se essa qualificação se justificasse exclusivamente por comportamentos perturbadores durante as aulas. Ao longo da entrevista, porém, evidenciou-se que ela mantinha uma atitude passiva na sala de aula e na escola, de modo geral. Não conversava, não participava de nada e, assim, não incomodava tanto quanto outros alunos, cujo procedimento era notoriamente marcado pela indisciplina. Diferentemente do modo como interagiu com a entrevistadora, a jovem mostrava-se sempre extremamente tímida e inibida em qualquer situação escolar.

Pesquisas/intervenções já promovidas em escolas permitem constatar que alunos passivos e de comportamento apático, mesmo quando apresentam defasagens importantes em relação ao aprendizado dos conteúdos escolares, não perturbam e, por isso mesmo, seus impasses não são interpretados como pedido de ajuda. Se não causam conflito no cotidiano escolar nem apresentam comportamento perturbador ou de recusa ao professor, tais alunos não interpelam o funcionamento da instituição.

A indignação inicial de Beatriz por sua indicação para estudo de caso não lhe impediu abrir-se ao trabalho, o que sinalizou seu desejo de examinar suas dificuldades de mais de perto. Em última instância, como logo se verá, ela admitia seus bloqueios e inibições para aprender como um sintoma.

Questionada sobre tais bloqueios e inibições, a aluna esclareceu que seu maior obstáculo se circunscrevia à aprendizagem da Matemática: "Antes não tinha nenhum problema... Até que entraram as letras nas equações". A entrevista centrou-se, a partir dessa declaração, nesse ponto.

Para ela, as letras sozinhas, colocadas entre números em equações, ficavam sem sentido, perdiam o significado que tinham no texto escrito. Tornavam-se enigmas que ela não conseguia decifrar! Na continuidade da conversa, desenvolveu-se este diálogo:

— Algum outro enigma se apresentou na sua vida, antes deste?

— Aos oito anos de idade, repeti o ano... porque não conseguia ler. Aos 11 anos, repeti de novo, porque faltei muito à escola.

— Por que você faltou?

— Chegava até o portão da escola e não conseguia entrar. Então, dava uma volta no quarteirão e voltava para casa.

— O que você estava evitando na escola?

— Os meninos me botavam apelido.

— Você poderia dizer do que te chamavam?

— De "abacaxi" e de "espinhenta" , porque o meu rosto tinha enchido de espinhas. Meus colegas me chamavam, também, de "bostatriz". Foi muito difícil. Perdi a coragem de entrar na escola.

Após a segunda repetência, por infrequência, Beatriz mudou de escola e, para seu alívio, os apelidos pejorativos não a acompanharam. Entretanto suas dificuldades na Matemática mantiveram-se e consolidaram-se. Em função dessa extrema limitação, ela foi identificada como aluna-problema, como enigma – ou seja, como sintoma da escola. Ainda durante essa entrevista, ressaltou-se para Beatriz que os impasses relacionados à aprendizagem, revelados na outra escola, não tinham sido superados, mas apenas deslocados para a Matemática. Por isso, o mistério do que lhe tinha acontecido anteriormente presentificava-se, então, no "sem sentido" das letras em equações matemáticas. Na puberdade, justamente quando as jovens querem ser desejadas e apreciadas, não lhe fora fácil apresentar-se aos olhos dos outros marcada por traços tão depreciadores.

Na escola, o encontro do aluno-problema com o psicanalista interroga o impasse escolar até o ponto em que se consegue isolar o sintoma do sujeito. Beatriz podia recusar ou aceitar essa oferta pontual, abrir-se ou fechar-se a ela. Foi-lhe assinalado que, na puberdade, a sexualidade faz enigma para todo mundo e é preciso que cada sujeito possa decifrá-lo à sua maneira. E essa deveria ser a tarefa da aluna. Além disso, se assim o desejasse, ela poderia ser acompanhada por um especialista da área, que, em encontros de intervenção pedagógica, a ajudaria a "decifrar" as letras empregadas em exercícios matemáticos. Ela consentiu, mais uma vez, e comprometeu-se a, no final, avaliar o trabalho feito.

Intervenção pedagógica: rumo ao indeterminado

No primeiro encontro de intervenção pedagógica, como lhe fora solicitado expor sua maior dificuldade, Beatriz levou uma equação algébrica em que aparecia a letra "x". Recorrendo à metodologia do *diagnóstico clínico-pedagógico*[1], a profissional especializada pôde constatar que a aluna tomava o x como sinal de multiplicação e não como uma incógnita.

No curso dos encontros de intervenção pedagógica, Beatriz, totalmente surpresa e atônita, descobriu que o x, na equação dada, substituía um valor indeterminado a ser encontrado. Na resolução de outro exercício, em que a letra "x" tinha sido trocada pela letra "a", ao constatar que o *a* também podia corresponder a um valor indeterminado, ela ficou ainda mais admirada. Enfim, chegou à conclusão de que, em expressões algébricas, as letras equivalem a valores indeterminados a serem descobertos. Beatriz mostrou-se entusiasmada por ter descoberto que esse era o mistério das letras usadas em problemas de Matemática.

O trabalho desenvolvido com o apoio de intervenção pedagógica possibilitou à jovem esvaziar a determinação das letras "x" e "a", entre outras. Parece que, para ela, as letras eram previamente determinadas por um sentido único, que não podia sofrer variações. Por conseguinte, tornou-se possível a consideração de que, na percepção de Beatriz, tal esvaziamento atingia também a determinação de alguns nomes – como "abacaxi", "espinhenta" e "bostatriz" – que se fixaram como características do seu ser. A *"perda de sentido"* desses nomes ou, em outros termos, a perda de consistência dessas identificações ofertadas pelo Outro – outros jovens, colegas de Beatriz – é o que vai permitir a abertura do sujeito a novas possibilidades de vir a ser, como se comprova, neste trecho de diálogo entre Beatriz e a pedagoga:

— Agora eu fiz 18 anos e tenho que pensar na vida!

— Parabéns! Quais são seus planos para o futuro?

— Eu queria fazer arquitetura. Gosto muito de desenhar planta de casa... Mas tem a Matemática! Como agora vou aprender, posso tentar. Também tem literatura ou moda.

Nessa passagem, delineia-se uma mudança significativa, no tocante à posição de Beatriz, que se deixa desassociar de objetos depreciados. Como visto, tal posicionamento se estabelece como efeito do encontro contingente com apelidos, nomeações do Outro, apreendidas no real do corpo em transformação da puberdade. Por outro lado, a postura atual da jovem, decorrente do referido esvaziamento de sentido dos apelidos a ela atribuídos anteriormente, leva-a a destacar valores da transmissão familiar. É a partir dessa transmissão, que concerne a desejos e modos de gozo, que um sujeito define as próprias marcas. Antes, a posição da jovem era a de se defender de ser o pior – "abacaxi", "espinhenta", "bostatriz". Agora, ela pode dar lugar a outros nomes da ordem de uma invenção singular – arquiteta, literata ou estilista –, em função do que lhe foi transmitido: "Eu herdei de meu pai a curiosidade e o gosto pela leitura e, com isso, posso ser muita coisa".

Antes e depois do embargo à inibição: a reinserção na escola

Na escola, Beatriz apresentou uma mudança importante: começou a se arriscar nos relacionamentos com os colegas de classe e a dar sugestões na elaboração de atividades executadas em dupla na sala de aula. De acordo com seu depoimento, as intervenções clínicas e pedagógicas foram-lhe muito úteis:

> Antes, você lembra, eu era horrorosa e não conseguia entender a matéria. Mas, depois que a gente começou a conversar, está bem melhor. Mudou minha compreensão. Antes, eu via a Matemática como um monstro de sete cabeças. E, agora, eu vejo que não é tanto assim. Antes, eu ficava no grupo, sem participar; apenas ganhando a nota, sem merecer. Minha colega ficou surpresa de ver como eu melhorei!

Mencionou, ainda, que, durante uma avaliação de Matemática, ao constatar que não conseguiria resolver os problemas nela propostos, usou a folha da prova para fazer um desenho, em que representou uma menina sentada na carteira escolar com a cabeça baixa. Ao lado dela, escreveu: "Não é que eu não quero fazer. Eu não sei". E, em seguida, falando aos pesquisadores, esclareceu: "Não vou mais entregar prova em branco. Cansei de entregar em branco. Eu sei Matemática! Mas precisava fazer ela [a professora] ver que eu não tinha entendido aqueles exercícios".

Esse ato surtiu efeito. A professora, tocada pela mensagem, ofereceu ajuda à aluna. Beatriz concluiu a última entrevista, agradecendo a oportunidade e afirmando que não precisava mais dessa ajuda, que fora muito importante em sua vida: "Um divisor de águas! Antes, a timidez não deixava que eu tirasse minhas dúvidas com os professores. Agora, consigo pedir ajuda".

CASO V

DOIDO INTELIGENTE OU BENÍCIO:
"RECUSO O QUE ME OFERECES, POIS NÃO É ISSO"

"(...) se há um lugar em que se exerce uma loucura especial na relação com a criança, é no âmbito das etiquetas resultantes das ditas 'patologias da infância'. A intuição de Foucault sobre a gestão das populações por meio de etiquetas médico legais verifica-se particularmente bem no campo da infância."

Eric Laurent

O que está em jogo quando uma criança recusa a oferta da escola? Segundo os professores, Benício recusa muita coisa, inclusive fazer as tarefas escolares, mas é um aluno inteligente, que não tem problemas de aprendizagem; é carinhoso e não desacata ninguém; mostra-se sempre solícito e muito educado. Em função de que, especificamente, ele se constitui um enigma? Em uma *Conversação* diagnóstica, os professores da escola em que o menino estuda fornecem variações em torno do mesmo tema – a saber, a recusa do aluno em aceitar as rotinas escolares, apesar de sua inegável inteligência:

Professor 1: "Ele não dá trabalho de comportamento, mas não faz coisa alguma em sala."

Professor 2: "Ele escolhe as atividades que quer fazer, inclusive as avaliações. Não entrega todos os trabalhos, não copia coisa alguma, não faz Para Casa."

Professor 3: "Quando vem à aula, pois falta muito, ele costuma ficar dormindo o tempo todo. Quando está acordado, diz que não vai fazer as atividades e volta a dormir, ou faz outras coisas, como desenho, dobradura etc."

Professor 4: "É distante no convívio com os colegas. Quando tem um amigo mais próximo, conversa exageradamente e isso faz com que não preste atenção às aulas."

Professor 5: "Ele tem bom convívio social com os colegas, durante as aulas, e comigo, mas, por não mostrar qualquer motivação nem corresponder às expectativas em relação às tarefas, foi reprovado; era tomado pela falta de atenção e distração e não conseguiu acompanhar a turma."

Professor 6: "Participa das brincadeiras e jogos e observa as regras. É comedido nas manifestações de alegria, demonstrando entusiasmo moderado, ao contrário da maioria das crianças de sua faixa etária."

Professor 7: "Pelo pouco que produziu em Matemática, percebi que ele não tem dificuldades. Muito pelo contrário, é atualizado e inteligente."

Professor 8: "Chances foram dadas, mas ele não aproveitou e acabou reprovado."

Professor 9: "Houve um ano em que o avaliamos com prova oral. Ele respondeu a tudo e foi aprovado. Deu muito trabalho, mas compensou."

Professor 10: "Ele está na 'turma dos doidos': sala de vinte alunos repetentes, que têm entre 12 e 16 anos. Não aprendem e não conseguem interpretar; não conseguem ter interesse. Nessa sala, têm problemas de estrutura familiar, problemas de comportamento, de aprendizagem; tem meninos envolvidos com o tráfico de drogas."

Verifica-se, pois, que, no caso em estudo, havia facilidade para aprender, bem como domínio dos conteúdos escolares ensinados, e que os professores tentavam ajudar o aluno, flexibilizando os métodos de avaliação e recorrendo, por exemplo, à aplicação de provas orais. No entanto, o impasse permanecia: Como fazer esse menino inteligente cumprir as normas exigidas pela Educação? Foram várias as tentativas para favorecer a adaptação de Benício e sua inclusão no programa da escola. Nenhuma delas, porém, conseguiu "despertar" o aluno, que continuava a dormir na sala de aula, dia após dia, ano após ano. Em face dessa persistente denegação, ele acabou enturmado em uma classe constituída de outros alunos considerados, por motivos diversos, muito difíceis.

Entrevista clínica: falar do sintoma faz despertar

Considerados os casos estudados na pesquisa/intervenção então promovida, a pasta de documentos de Benício era a mais volumosa. A maior parte desses documentos informava sobre o andamento das decisões concernentes a desavenças entre os pais do aluno, na época, em litígio pela guarda do filho. Na escola, a causa das constantes recusas do menino era explicada por associação a esse problema do casal.

Na primeira Entrevista Clínica de Orientação Psicanalítica (ECOP), ao ser informado a respeito do número expressivo de documentos que relacionavam seus problemas escolares à sua situação familiar, o aluno afirma não ter conhecimento do fato e, no curso da conversa, não dá qualquer atenção ao tema da separação dos pais.

No momento em que entra na sala para a entrevista, com a cabeça coberta pelo capuz da blusa de frio, tem os olhos vermelhos como os de quem é acordado no meio da noite. Abaixa o capuz ao se assentar. A entrevistadora dá prosseguimento à conversa:

— Você estava dormindo?

— Aham.

— Você sempre dorme nas aulas?

— Aham.

— Seus professores nos disseram isso. Disseram também que você é inteligente, tem bom raciocínio, mas não faz *coisa alguma*.

— Eu só ouço e não copio. Leio o livro em casa e aprendo.

— Por que você dorme na escola?

— Não consigo dormir de noite. Não sei por quê.

— Não dorme?

— Não. Deito, porque minha mãe manda. Mas não durmo.

— Você tem insônia.

— O que é isso?

— Dificuldade para dormir, para começar a dormir.

— Deitado, em que você fica pensando?

— Em nada. Fico olhando para o teto.

— Geralmente, vêm ideias ou pensamentos à cabeça de quem tem insônia. Isso acontece com você?

— Não. Eu não penso em nada.

— Você poderia prestar atenção se, por acaso, pensar em algo durante a noite e nos contar na próxima semana? Existe uma medicação natural para induzir o sono, que não tem contraindicação para crianças da sua idade. Gostaria que falássemos com sua mãe a respeito disso?

— Pode falar.

— Então, vamos chamá-la e depois te chamamos novamente, ok?

— Aham.

— Você chegou aqui dormindo e, agora, está desperto. Falar pode ajudá-lo a...

Benício sorri e deixa a sala. A mudança do jovem durante essa entrevista chamou a atenção. De fato, ele chegara quase dormindo, mas, ao longo da conversa, seu semblante modificou-se visivelmente. Ao final, ele estava sorridente e animado. Ficou evidente seu interesse em falar do sintoma insônia. Ele, que, no início, não sabia dizer nada sobre o assunto, consentiu em retornar para falar mais um pouco de sua dificuldade para dormir. Essa alteração no seu estado de humor sinalizou, portanto, que um tratamento clínico individual podia ser uma boa indicação para o caso.

Tratamentos para a recusa a copiar

Benício ingressou naquela escola com oito anos de idade, por transferência de outra instituição, onde tinha cursado o primeiro ano do Ensino Fundamental. Anexo à documentação comprobatória desse processo, havia um laudo psiquiátrico, em que se indicava, para o menino, diagnóstico de Transtorno de Déficit de Atenção (TDA) e de Transtorno do Humor, a par da seguinte recomendação: "Necessita ser transferido para outra escola devido a estresse pós-traumático relativo a episódio em que foi vítima de violência".

O episódio acima descrito, que ocorreu no final da primeira ECOP com Benício, foi reconstruído em outra entrevista, dessa vez com a mãe do menino, convidada para uma conversa sobre a insônia do filho, em que se esclareceram, também, as informações presentes no referido documento escolar:

> Teve uma confusão na escola. Acabou que ele não quis participar. Ele tinha problema com os colegas; era excluído, porque se destacava por sua aparência: era muito bonito. O seu coleguinha chamou o irmão mais velho para se vingar. Este deu um soco na boca dele; os dentes, que já estavam para soltar, caíram. A escola não me comunicou.

Algum tempo depois, a irmã de Benício, estudante do turno da tarde da mesma escola, tomou conhecimento do fato e reportou-o a sua mãe, que decidiu transferir o filho de escola. Depois disso, marcou consulta com um psiquiatra para o filho, apesar de já haver uma indicação da escola nesse sentido, em função da recusa do aluno em escrever. Desde os seis anos de idade, diferentemente dos seus colegas, o menino não gostava de colorir nem de escrever. Prosseguindo, acrescentou a informação de que, embora apreciasse o contato com os livros, ele nunca "gostou de registrar nada. Nunca registrou. Ele lê, mas copiar, não." Na época, sua adaptação à escola tinha sido garantida mediante acordo com a professora da sua classe. Um dia, ele perguntara a ela: "Eu posso não copiar? Porque gravo tudo na minha cabeça." Ela consentiu no pedido, sob a condição de ele participar das aulas de outra maneira, como seu ajudante, com o que ele concordou.

Quando foi transferido e ingressou na nova escola, Benício fazia uso de medicação para TDA. No entanto a denegação de fazer as tarefas escolares continuou, do mesmo modo, a caracterizá-lo também nessa instituição, ainda que, igualmente, não passasse despercebida sua competência para aprender. No ano seguinte, persistindo o problema, em contraste com a evidente observação de que o aluno era inteligente e, a seu modo, sempre aprendia, a Coordenação Pedagógica colocou-o em uma turma mais adiantada. Registrou-se a propósito que, após o primeiro dia de experiência nessa turma, o aluno tinha comentado que adorara as aulas e jamais sairia daquela classe. Porém, já no segundo dia, sua recusa em fazer as tarefas escolares reapareceu e, como de costume, ele também voltou a dormir durante as aulas. Diante dessa situação, no final do primeiro bimestre, ele foi recolocado na turma em que, considerando-se sua idade e escolaridade, devia estar.

No ano seguinte – o terceiro ano do aluno na nova escola –, ainda na perspectiva de favorecer a adaptação do menino, seus familiares foram convocados para uma conversa. A primeira a ser chamada foi a mãe dele. Na oportunidade, a coordenadora informou-lhe sua dúvida quanto ao diagnóstico de TDA, alegando que a criança portadora desse transtorno não dá sossego, o que não se verificava no caso de Benício. E, complementando, reiterou que o incômodo geral dos professores residia no fato de o aluno não anotar coisa alguma por escrito. "Se ele não registra, os outros alunos vão pensar que também não precisam registrar", concluiu a mãe Benício, ao relatar o essencial desse encontro. Levando em conta tal consideração, ela decidiu suspender a medicação específica ao tratamento de TDA: "Sem a Ritalina, ele não faz nada... Com a Ritalina, ele também não faz nada! Então..."

O pai de Benício também compareceu à escola para uma conversa e a Coordenação lhe sinalizou a percepção dos educadores de que o aluno não era acompanhado, em casa, na realização dos deveres. Ele comprometeu-se, então, a falar com a ex-esposa a respeito do problema. Contudo insistiu em que, a seu ver, o filho não fazia os deveres, porque não tinha vontade. A coordenadora advertiu-o de que, se tal situação continuasse, o Conselho Tutelar deveria ser acionado.

No quarto ano de Benício na mesma escola, em face da manutenção das suas dificuldades, ele foi encaminhado para novo diagnóstico, dessa vez, por meio de testes psicológicos. Os resultados apontaram desempenhos médio e médio superior nas atividades a ele propostas e, consequentemente, o aluno foi enquadrado nos parâmetros de normalidade esperados para sua idade. Observou-se, porém, inexistência de qualquer comprometimento das funções cognitivas, sobretudo da atenção. Aliás, o resultado do teste com que se avaliaram os níveis desta última apontou "rapidez em trabalhos que exigem atenção, com precisão e concentração no que realiza."

Benício foi, na oportunidade, submetido a tratamento psicológico. No curso do processo, um relatório sobre esse tratamento foi encaminhado à escola. Nele, podem-se ler estas considerações explicativas para as recusas do aluno:

Portador de dificuldade no desenvolvimento do caráter, apresentando negativismo e falta de compromisso com as tarefas escolares. Não enfrenta os tropeços naturais da vida escolar e, para não se deparar com os próprios erros, prefere não se envolver com a atividade escrita. As dificuldades relativas ao enfrentamento da lei da cultura resultam em dificuldades no enfrentamento das regras da gramática, que são relegadas a um segundo plano.

Se o saber revelado em tal relatório, cujos termos, segundo o CID 10, reportam ao Transtorno Desafiador de Oposição (TDO), tivesse influenciado os professores, estes, provavelmente, não teriam insistido em ajudar Benício a se adaptar à escola. Considerando, no entanto, as atitudes educadas e amáveis do aluno no trato com as pessoas em geral, eles continuaram na busca de soluções para o problema do sono e da denegação do aluno. Nesse sentido, tomaram a inciativa de propor um pacto entre a escola, a família e o menino. Mais precisamente, convidaram Benício a firmar um trato, esclarecendo-lhe que poderia recusá-lo, mas, caso o aceitasse, teria de cumprir o acordado. Então, o menino, perguntou: "O que vocês têm a me oferecer?" A coordenadora respondeu, explicitando-lhe a proposta:

— Você pode não copiar, não fazer trabalho, não fazer coisa alguma, mas não pode perturbar e tem que tirar boas notas.

— Notas boas como?

— Acima de oito e meio.

A propósito, pontua a mãe: "*Eu* não aceito menos de nove ou 10". E Benício insiste:

— É só isso que eu tenho que fazer? Eu não preciso copiar? Vocês estão prometendo que eu não preciso copiar?

— É isso mesmo!

Após aceitar esse acordo, o aluno, fazendo provas oralmente, passou a obter notas excelentes em todas as matérias – em outras palavras, não copiou e, ainda assim, foi aprovado. No ano seguinte, essa estratégia perdeu validade para Benício, que voltou a recusar as tarefas escolares e a dormir na sala de aula. Quando a equipe do Nipse chegou à escola, os recursos utilizados para resolver a situação pelos educadores estavam esgotados e a culpa pelos problemas do aluno tinha voltado a recair inteiramente sobre o conflito familiar, como esclareceu a coordenadora:

Ele dorme o tempo todo. Seus pais estão em guerra. Acho que ele não faz coisa alguma para tomar bomba. Acho que, se ficar comprovado que não está indo bem, o pai pode ganhar a guarda e ele quer morar com o pai. Atualmente, está numa sala de meninos repetentes, que é o 'Ó do borogodó'. Não teve jeito de aprová-lo.

Sobre o sintoma apenas o sujeito ensina

Na segunda entrevista clínica, Benício chega desperto e traz alguns elementos para esclarecer sua insônia:

— À noite, fico escutando minha hamster correr na roda da gaiola.

— Ela também não dorme?

— Não. Fica correndo a noite toda.

— Como ela se chama?

— Mariana.

— Mariana não é um nome comum para animais.

— É. Este é o nome de minha mãe.

— De sua mãe?

— É. Ela também tem insônia e é muito estressada. Como a minha hamster, que corre a noite toda e não dorme...

— Hoje, você disse muito sobre sua insônia.

— Quando o meu sono vem, já está na hora de acordar para ir para a escola.

Na ECOP, Benício não se mostrou interessado em falar sobre suas dificuldades na escola nem preocupado com a disputa entre seus pais. E centrou sua atenção no sintoma da insônia – ou seja, na sua dificuldade para dormir. A pesquisa/intervenção foi breve e ofereceu-lhe um encontro pontual com um psicanalista. Em estudos de caso, não constitui objetivo do trabalho desse profissional o estabelecimento de um vínculo, tal como acontece em experiências de análise. Por isso, o psicanalista não se empenha em interpretar, nas associações do sujeito, aquilo que põe em evidência o saber do inconsciente, também designado "Isso".

Precisamente no momento em que Benício apresenta uma relação entre seu sintoma e o de sua mãe, é-lhe proposto endereçar aquele saber a um psicanalista, que poderia acompanhá-lo. De fato, como ensina Jacques Lacan, o sintoma de uma criança pode representar o sintoma da mãe, do pai ou do par parental [1]. Por outro lado, explicar a recusa escolar pelo relacionamento do menino com sua mãe seria precipitado e absolutamente inadequado, visto que se trataria de uma psicologização dos problemas escolares, a que a perspectiva do sujeito se opõe radicalmente.

Assim, o encaminhamento, no caso em estudo, resumiu-se a se propor a Benício conversar com alguém sobre sua insônia, com vistas a um possível tratamento. O mesmo foi sugerido à mãe dele. Por oportuno, esclareceu-se que as intervenções anteriores tinham fracassado, porque estavam voltadas apenas para os impasses escolares do aluno. O diferencial da pesquisa de orientação psicanalítica fundamentada no que a criança pode dizer de seus problemas consistiu, pois, em indicar um tratamento com foco não na recusa em registrar, mas, como Benício ensinou, no sintoma da insônia do sujeito.

CASO VI

UM CASO DE DEFICIÊNCIA INTELECTUAL OU HELENA: *"[...] TENHO QUE PENSAR NO QUE VOU ESCREVER?"*

> *"E o ser do homem não apenas não pode ser compreendido sem a loucura, como não seria o ser do homem se carregasse em si a loucura como limite de sua liberdade."*
>
> Jacques Lacan

Helena, atualmente com 10 anos de idade, frequenta regularmente a escola desde os sete anos. Mostra-se interessada em todas as atividades propostas por sua professora, mas ainda não está completamente alfabetizada. Ela estacionou no nível silábico do processo ou, mais precisamente, elege um sinal para escrever cada sílaba de uma palavra. Essa dificuldade, somada ao comportamento extremamente pueril da aluna, leva os professores da escola a suspeitar de algum comprometimento orgânico: "Helena deve ter uma deficiência". Em face de tal suspeita, a Coordenação Pedagógica decidiu solicitar à família recorrer a um especialista para avaliação do caso da menina. Na época, o neurologista infantil consultado formulou este diagnóstico:

A paciente [Helena] tem um atraso global das habilidades, mas seu exame neurológico é normal. Não necessita, para esclarecimento diagnóstico, de nenhum tipo de exame, uma vez que isso em nada vai acrescentar ou mudar o tipo de tratamento. Prescrevi medicação para hiperatividade/impulsividade e estou à disposição para a discussão do caso.

Atraso global das habilidades em quadro neurológico normal sugere debilidade mental determinada por causa orgânica, que, por sua vez, ocasiona um comprometimento geral das funções cognitivas.

Uma cópia desse laudo e do receituário com a prescrição terapêutica do neurologista foram encaminhados à Coordenação Pedagógica da escola, a fim de compor a documentação escolar da aluna, objetivando-se submeter a menina a tratamento clínico. Segundo notificado, desde a consulta com esse profissional, Helena faz uso de um antidepressivo tricíclico, geralmente prescrito em quadros de hiperatividade por seus efeitos de melhora sobre a vigilância e a tenacidade, por diminuir a dispersão e, ainda, por contribuir para fixar a atenção sobre um único ponto.

No conjunto dos documentos escolares da aluna, inclui-se uma avaliação pedagógica que registra notável imaturidade: Helena está silábica há muito tempo – lê apenas sílabas simples; não consegue ler e interpretar um texto nem escrever o que pensa. Dos dados fornecidos pelos familiares, extrai-se informação de atraso na aquisição da fala: a menina não pronunciou qualquer palavra até o terceiro ano da vida. A respeito de seu comportamento geral na escola, alega-se que se trata de uma menina agressiva, mas que, quando agredida, chora e abandona as atividades em execução.

Entrevista clínica: emergência do ritornelo

Como já foi esclarecido, a Entrevista Clínica de Orientação Psicanalítica (ECOP) constitui-se uma oferta da palavra a crianças e tem como ponto de partida o que se sabe, por intermédio do Outro escolar, a respeito delas. No caso de Helena, o "atraso global das habilidades", notificado em laudo médico, restringe todo esse campo de saber. Da parte da escola, no momento em que se inicia a pesquisa/intervenção por ela requerida, a única coisa que se afirma é que a aluna sofre de um atraso no desenvolvimento intelectual – ou seja, não há questões postas sobre as dificuldades escolares da aluna e o enigma está decifrado para os docentes: trata-se de um caso de deficiência intelectual. Em face do pouco que se conhece de Helena na escola, são os dados encontrados nos documentos escolares que vão instruir a primeira conversa com a criança.

Durante os 45 minutos de duração da entrevista, Helena mostra-se amável e cooperativa. Não fala muito, limitando-se a responder às perguntas que lhe são dirigidas para incentivar a conversa. Usa frases curtas, de formulação simples e conteúdo pobre. Mediante suas respostas, torna-se possível perceber que sua noção de espaço e tempo é confusa. Além disso, a menina queixa-se da agressividade dos colegas e do ambiente escolar, citando exemplos. Depois, fala de suas dificuldades para aprender a ler e escrever:

— Eu tenho uma amiga.
— Como ela se chama?
— Vanessa.
— Conte-me uma lembrança feliz, de um dia feliz, em sua vida?
— Ganhei um desenho de um bolo de uma colega.
— E uma lembrança triste?
— Nãoqueternamorado.

Essa fórmula monolítica – "Nãoqueternamorado" – reaparece outras vezes durante a conversa, sempre pronunciada de maneira aglutinada. Helena não a interroga. Ao entrevistador tal fórmula parece ligar-se ao Outro materno – ou seja, a menina vive apenas com a própria mãe e não tem namorado. Do discurso da aluna emerge, no meio das formulações elaboradas por ela, como um ritornelo, um refrão, o que Jacques Lacan destaca a propósito da estrutura da psicose:

> Há uma forma que a significação toma quando não remete mais a nada. É a fórmula que se repete, que se reitera, que se repisa com uma insistência estereotipada. É o que podemos chamar, em oposição à palavra, o ritornelo. [...] é uma forma que, para a significação, é uma espécie de chumbo na malha, na rede do discurso do sujeito. Característica estrutural a que [...] reconhecemos a assinatura do delírio. [1]

Terminada essa primeira ECOP, o entrevistador acompanha Helena de volta à sala de aula. No trajeto, ela faz menção a duas vivências de influência, designadas pela psiquiatria clássica como fenômenos elementares, que sinalizam a estrutura da psicose. Inicialmente, a menina refere-se a uma amiga, como a uma voz que mora dentro de sua cabeça e comanda sua vida:

— Como é isso, Helena?
— É assim: ela fala que me ama e manda eu fazer as coisas: 'Anda!' E eu ando. 'Corre!' E eu corro. 'Come!' E eu como.

Mais adiante, ainda no caminho para a sala de aula, apontando para uma professora, ela diz em tom de confidência: "Aquela mulher ali, está repetindo tudo que eu estou falando agora".

O primeiro fenômeno pode interferir na área da volição – ou seja, da obediência automática – e a criança, como um robô teleguiado, atende às solicitações de pessoas que entram em contato com ela, num tipo de resposta oposta à do negativismo. No segundo, manifesta-se o roubo de pensamento, também típico de uma estrutura própria à psicose. Em decorrência dos dados obtidos na entrevista e nas breves manifestações ao entrevistador no espaço aberto da escola, são propostas a Helena, a título de encaminhamento do seu caso, consulta com um psiquiatra e intervenções pedagógicas sob orientação de especialista na área.

Com a consulta psiquiátrica, visava-se adequar a medicação administrada à aluna, de acordo com sua estrutura e com os fenômenos que nela se manifestam, para que ela possa se beneficiar devidamente do processo de escolarização e, em um plano mais geral, da proposta do Outro escolar, sem se sentir tão ameaçada pelo que ela mesma produz no convívio com seus professores e colegas. A intervenção pedagógica, por sua vez, tem a alfabetização como alvo, pois se acredita que essa aquisição simbólica pode se constituir um recurso importante para qualquer ser falante que vive em um mundo letrado, independentemente de sua estrutura singular.

Intervenção pedagógica:
na escrita, dissociação entre pensamento e ação

À profissional da equipe do Nipse, encarregada de realizar a necessária intervenção pedagógica a ser promovida no caso de Helena, nada foi informado previamente acerca da estrutura clínica da menina, como revelado nas entrevistas. Foram realizados seis encontros, alguns deles com a participação de outras crianças. Desde o contato inicial, destacou-se a fala infantilizada da aluna e sua agitação motora.

O trabalho de intervenção pedagógica sempre começa pela realização de uma avaliação do nível de alfabetização da criança. Para tanto, solicita-se a Helena escrever uma palavra ou uma frase relacionada a uma gravura, que lhe é apresentada na hora e que retrata uma menina brincando com uma boneca. A aluna apresenta uma resposta bastante diferente da que é comum entre crianças que ainda não dominam a base alfabética da escrita. Ela, então, preenche duas linhas com várias letras, aparentemente sem sentido, que não traduzem qualquer ideia:

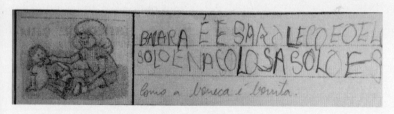

Nesse momento, o entrevistador lhe faz nova solicitação: "Você pode ler o que escreveu?" Helena, então, "lê" as letras formando pares, como determinam as regras da base alfabética da escrita, sem levar em conta, porém, o sentido que possam conter: "Ba-la-ra é sa-ro-le-co". Diante de novo questionamento – "O que você pensou enquanto estava escrevendo?" –, a menina responde: "Como a boneca é bonita!"

No segundo encontro, utiliza-se o texto de uma parlenda para atividades de leitura e análise de palavras com base na constituição silábica de cada uma delas, bem como, por último, de registro escrito das mesmas palavras. Helena comprova boa participação, procurando analisar as palavras e encontrar as que correspondem ao que é requerido no exercício e valendo-se do recurso de contar letras, sílabas e fonemas. No final da sessão, a criança é orientada a escrever seu nome completo. Tanto na cópia da parlenda, quanto na escrita de seu nome, Helena registra tudo em um único bloco, aglutinado, sem intervalos, e, surpreendentemente, ela não comete erro algum:

HELENAMARIADASILVAWERNECK

Concluídas as atividades propostas, a menina pede para fazer um desenho, em que se representa e escreve, no cabeçalho, seu nome completo aglutinado:

Em um terceiro encontro, ao se propor à aluna escrever nomes do "que pode ter dentro da geladeira da mamãe", Helena retoma o tipo de escrita apresentada no primeiro encontro, diante da gravura da menina brincando com sua boneca. Reproduz-se, a seguir, a página do exercício feito pela aluna:

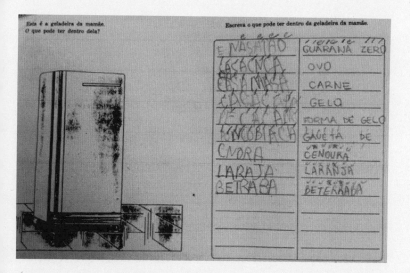

Enquanto a aluna completa o exercício, o entrevistador pergunta-lhe: "O que você está fazendo?". A menina esclarece: "Pensando e escrevendo".

Tendo-se em vista essa resposta, cogita-se a possibilidade de a aluna estar considerando escrever e pensar como processos distintos e desarticulados do sentido. A pedagoga, então, inverte a orientação normalmente dada a alunos em fase de alfabetização. Em vez de propor à menina "Escreva como você está pensando e, depois, corrigimos", disse-lhe: "Pense sobre o que você vai escrever e, depois, vamos verificar o que está certo, o que está errado e o que ainda falta aprender". A propósito, Helena questiona: "Então, quer dizer que eu tenho que pensar no que eu vou escrever?"

Nesse questionamento, a aluna evidencia a cisão, por ela vivenciada, entre pensamento, ação e obediência. Após a garantia da orientação reelaborada – "Pense sobre o que você vai escrever" –, a escrita da menina também se modifica radicalmente, como se pode observar neste quadro:

Escrita inicial	Escrita a partir da orientação singularizada
ENASATAO (guaraná zero)	CNORA (cenoura)
CASACNCA (ovo)	LARAJA (laranja)
CASAMASA (carne)	BETRABA (beterraba)

Essa nova produção situa a escrita de Helena no nível alfabético, embora ela ainda utilize algumas letras, em função do potencial sonoro de cada uma delas – por exemplo, T (te) ou C (ce) – , para representar sílabas.

Helena ainda não sabe escrever com letra cursiva e necessita de ajuda para fazer a transposição de uma letra para outra. Em decorrência dessas constatações, avalia-se, por um lado, não ser indispensável exigir da criança o uso de letras cursivas, sobretudo se isso implicar grande dificuldade para ela. Por outro lado, porém, considera-se fundamental dar continuidade ao trabalho de apoio pedagógico individualizado ainda por algum tempo, para que a aluna possa atingir o patamar das crianças de sua faixa etária que não enfrentaram dificuldades expressivas no curso da escolaridade. Ao longo da intervenção pedagógica, cuja continuidade se recomenda então, provavelmente Helena vai poder expressar, de acordo com as particularidades de sua estrutura psíquica, a própria maneira singular de pensar, cogitar e raciocinar, entre outras habilidades desejáveis. E, assim, com a ajuda de um profissional da área, há de encontrar uma solução que torne possível seu aprendizado.

CASO VII

"EDUARDO BRUNO VAI SER DOUTOR?"
OU O FILHO QUE SE TORNOU UM ENIGMA PARA OS PAIS

> *"O alvo próprio à família, seu alvo positivo, é o* singular *como tal."*
> Georg Wilhelm Friedrich Hegel

Eduardo Bruno tem 18 anos de idade e está no segundo ano do Ensino Médio, contudo ainda não sabe ler nem escrever. A indicação de seu nome para estudo de caso pelos educadores da escola em que estuda justifica-se em face da hipótese de ele ser portador de algum problema de saúde mental.

Entre os documentos escolares do aluno, incluem-se avaliações realizadas em três domínios de especialidades: pedagógico, médico e psicológico. Na avaliação pedagógica, destaca-se o comportamento ansioso e agitado do rapaz na escola. O laudo médico menciona o uso de diurético, o que explica e autoriza o aluno a deixar a sala de aula quantas vezes precisar. Pode-se saber que Eduardo Bruno fez terapia durante um ano. Dois relatórios emitidos por psicólogos distintos, comungam sobre os mesmos pontos: não há problemas psicológicos; há necessidade de acompanhamento pedagógico.

Entrevista clínica:
Médico ou advogado? Eu gosto mesmo é de caminhões!

Durante a primeira Entrevista Clínica de Orientação Psicanalítica (ECOP), o contato de Eduardo Bruno com a entrevistadora põe em destaque certa alteração emocional, que se caracteriza por uma alegria superficial e risos imotivados. A conversa inicia-se com a exploração da dificuldade de aprendizagem do aluno. Nesse sentido, pede-se ao jovem para ler uma página de uma revista em quadrinhos. Ele olha atentamente a página da esquerda e a da direita, refaz esse movimento ocular uma segunda vez e, de repente, em alto tom, assim se expressa:

Grrrrrr!;
Toim;
Tum, tum, tum, tum;
Pof, pof
Uuugh!

Nas páginas da revista, relatava-se uma disputa de futebol. Eduardo Bruno não lê o conteúdo de qualquer dos balões; apenas observa as imagens e, num único impulso, grita essas onomatopeias. Em seguida, manifesta preocupação excessiva com a política do País e a corrupção generalizada. É prolixo ao falar desse assunto, porém não demonstra qualquer experiência ou visão crítica quanto ao que está falando. Sobre seu futuro diz que gostaria muito de ser médico ou advogado.

A entrevistadora propõe-lhe fazer um desenho. Ele aceita, balançando a cabeça afirmativamente. Concentrado, traça um caminhão, que ocupa toda a extensão da folha usada. A partir disso, passa a falar, de maneira descontraída, a respeito de caminhões, deixando claro ser esse seu interesse principal. Em casa, conectado à *Internet* pelo computador, procura por carros e caminhões, compara marcas e modelos, identifica o fabricante e o ano de fabricação de cada um deles. "Eu gosto mesmo é de caminhões!", diz com entusiasmo. Informa, ainda, que seu sonho é ser motorista de caminhão, embora goste muito, também, de observar as atividades de carregamento e descarregamento de caminhões. No final de uma breve conversa sobre esse tema, é-lhe observado que ele, com muita clareza, preferia discutir conhecimentos sobre caminhões a tratar de assuntos relacionados às profissões de médico e de advogado. Ele sorri.

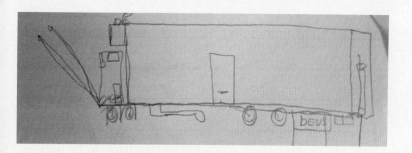

O pai: seu saber e suas questões

Na entrevista com Eduardo Bruno, evidenciou-se a necessidade de uma ECOP com cada um de seus pais. A mãe não se prontificou a comparecer à escola, alegando dificuldade com seu horário de trabalho; o pai, José Antônio, embora tivesse disponibilidade de tempo, a princípio resistiu. Por telefone, manifestou sua insatisfação com a escola e com o ensino que ela vinha oferecendo a seu filho. A seu ver, a instituição não era competente para ensinar e, por isso, ele não tinha garantia alguma de que o filho poderia dar continuidade a seus estudos e fazer um curso de Graduação. Queixou-se muito, sem tomar fôlego, até ser interrompido por esclarecimentos sobre o trabalho do Nipse e, consequentemente, convidado para participar de uma pesquisa/intervenção a ser promovida por esse grupo. Só então, ele interrompeu o discurso inflamado de críticas à escola e à educação pública e concordou em comparecer à escola e em colaborar como pudesse.

No início do encontro, a entrevistadora explica-lhe a importância de ele fornecer alguns dados concernentes ao desenvolvimento do filho, a fim de melhor se compreender o que vinha acontecendo com o jovem no plano da aprendizagem. Além disso, as perguntas que lhe seriam feitas sobre o histórico da vida de Eduardo, visariam a esclarecer fenômenos observados no primeiro contato inicial com o jovem. Antes mesmo de começar a ser questionado, José Antônio revela que o jovem era "filho do coração". Com dificuldade para conceber nos primeiros anos do casamento, José Antônio e a esposa inscreveram-se em um programa de adoção e, logo, foram contemplados com um bebê. Justamente por essa razão – ou seja, por Eduardo Bruno ser filho adotivo – , o pai acreditava que pouco saberia esclarecer sobre a gestação e o parto do menino.

O casal fora chamado pelo Juizado por telefone e avisado de que tinha 30 minutos para buscar o menino, que lhe foi entregue com quatro dias de vida: "E a gente foi, graças a Deus, e 'tá aí até hoje. O que eu pude fazer, acompanhar, dar para ele... No meu limite, o que eu pude dar, eu dei, eu tenho dado até hoje".

No quarto mês de vida, o bebê começou a apresentar convulsões seguidas, o que desencadeou uma investigação minuciosa, por meio de exames e tomografias, que resultaram em um diagnóstico de deficiência na região frontal do cérebro, problema que, segundo os médicos que o avaliaram então, poderia afetar definitivamente a capacidade de raciocínio da criança. Na ocasião, foi-lhe atribuído, também, um quadro de diabetes e pressão arterial:

> Tentamos de muitas formas saber alguma informação sobre a mãe biológica dele, sobre o parto e a gestação, para tentar descobrir o que podia ter acontecido com o menino. Quando íamos aos médicos, era a primeira coisa que eles perguntavam. Então tentamos procurar informações, mas sabemos muito pouco.

Em função desses diagnósticos, Eduardo Bruno fez uso de muitos medicamentos durante toda a infância, além de ter sido submetido a tratamentos com diversos especialistas e a acompanhamento regular por endocrinologista e neurologista. A partir dos 11 anos de idade, o tratamento das convulsões foi suspenso, mas prosseguiu-se com o controle do diabetes e da pressão arterial.

Por acharam melhor que o menino soubesse a verdade sobre a própria história, os pais já lhe tinham revelado a adoção:

> — Eu contei e ele disse: "Eu sei que minha mãe não é minha mãe". Ele sabe. Sabe que nós não somos os pais dele. Mas mãe e pai são os que adotam. Ele é registrado no meu nome, no da minha esposa. Se alguém falar que não é, o documento 'tá aqui.
>
> — Na concepção da psicanálise, pai e mãe são os que adotam no plano

do desejo ou, como você diz, no '*coração*'. Mesmo os que geram têm que adotar no coração, senão não exercem as funções de pai e de mãe e não transmitem algo do desejo para o filho.

Ao longo da conversa, José Antônio formula muitas questões, e, ao mesmo tempo, mostra-se esclarecido sobre algumas delas, o que lhe permite, aos poucos, deslindar detalhes da história do filho. Nesse processo, consegue resgatar o saber construído durante os 18 anos de convivência com o menino e falar do seu lugar de pai. Ele, que pensava nada saber do filho e fazia deste um enigma, surpreende-se com o que vai, aos poucos, construindo a respeito das limitações de Eduardo Bruno na vida escolar, das suas dificuldades e, ainda, da capacidade dele para "*se virar*" no mundo. Por essa via, fica claro para José Antônio que o impossível de saber concernente à adoção – dados genéticos, estado de saúde e história da genitora biológica –, assim como a carga de angústia relativa a esse não saber tão questionado por todos os médicos que acompanharam a criança desde sua mais tenra infância, fora deslocado por ele para a vida escolar do filho. Por isso, ele pedia esclarecimentos e mais esclarecimentos da instituição, apontando, ao mesmo tempo, o fracasso dos educadores na apresentação de respostas satisfatórias. A entrevista clínica possibilitou ao pai não só retirar o filho do lugar de enigma, mas também enxergar as reais possibilidades dele no futuro.

Durante a entrevista, José Antônio explica que Eduardo Bruno saiu da Educação Infantil alfabetizado, depois de ter sido retido nesse período por dois anos. Considera, pois, que os impasses do jovem, sobretudo no que concerne à escrita, advieram, com o passar do tempo, na escola:

> Eu não sei o que aconteceu... A gente não sabe... Já passou por vários acompanhamentos, por psicólogos, fonoaudiólogos, para ver o que aconteceu, mas nada. Ele escrevia, lia... Agora, eu não sei. No Ensino Fundamental, ele lia. Agora parece que ao invés de ir pra frente, ele está voltando. Não consegue acompanhar.

Mais adiante, José Antônio faz novas observações, citando fatos que lhe permitiram construir uma ideia do que acontecia com o filho:

Tento estimular. Por exemplo, peço para ele comprar alguma coisa e pergunto: "Sabe quanto está levando?" Ele responde: "Sei sim. O que você me deu". Aí ele vai e, na volta, pergunto: "Você viu o troco? Quanto tem aí?" Ele responde: " Tá aí. Não está vendo?" E me entrega o troco. Acho que ele não reconhece e não sabe fazer o troco. Nas coisas da vida cotidiana, ele não consegue assimilar.

É tapar o sol com a peneira dizer que ele não tem dificuldade. Eu perguntar para ele quanto tem de dinheiro e ele responder: "Tá aí"? Isso não é resposta! E, na escola, lá vai!

Creio que o raciocínio dele dá uma falha, parecido com o que acontece na conversa por *Skype*. Aí, a pessoa que vai receber a mensagem, fica esperando a transmissão. [...] Quando ele [Eduardo Bruno] chega a captar o que foi dito, já passou do tempo. Eu creio, assim, que ele tenha dificuldade de captar o raciocínio na hora.

Na continuidade da conversa, a questão do futuro do jovem é posta em pauta:

— O que senhor pensa para o futuro de seu filho, vistas as dificuldades que ele tem?

— De momento, eu falo pra senhora que não vai ter. Porque, na escola, ele 'tá indo. Ele vai passar... A escola vai passar ele. E depois? Ele não vai ter seguimento mais, não pode fazer uma faculdade.

— O senhor tem consciência do problema de seu filho e isso é muito importante. Quando Eduardo Bruno diz que quer ser advogado ou médico, está respondendo à expectativa dos pais, por amor. Mas a gente sabe que ele não vai ter condições de ser isso, não é? Porém, na entrevista, ele deu uma dica sobre o que pode fazer: mostrou motivação por caminhões — carregar, descarregar, organizar mercadorias, etc. Isso diz de um interesse particularizado dele. É isso que o senhor pode explorar para procurar um trabalho pra ele. O trabalho é importante para ele se sustentar na vida, crescer!

Na oportunidade, alguns trechos da ECOP em que Eduardo Bruno falou da sua paixão por caminhões são apresentados ao pai, que os escuta atentamente. José Antônio confessa já ter percebido tal interesse, que, inclusive, não está dissociado de sua atividade profissional. E considera possível encontrar um trabalho para o filho, mas, num primeiro momento, defende-se de prováveis críticas a tal medida:

— Até dá para arrumar um trabalho. Mas eu não vou precisar do dinheiro dele; tenho meu salário. Muita gente vai falar: *"Ah, puseram o filho para trabalhar. Estão explorando".*

— Mas ele já tem 18 anos! O senhor precisa pensar que os pais não existem pra sempre. Pode ser que chegue um momento na vida em que ele vai precisar se cuidar sozinho. É importante ele estar inserido. E parece que ele deseja estar socialmente inserido; na escola, tem muitos amigos e é muito querido. Até então, a escola tem cumprido essa função. E depois? Recluso em casa, será que ficaria bem?

— É. No bairro também, todo mundo conhece ele. Só que é aquele negócio. Todo dia falamos pra ele: *"Eduardo, vê lá onde você vai. Se alguém mandar você pegar as coisas, você não pega".* Minha preocupação é alguém querer fazer algum mal pra ele.

— Muitas vezes o medo paralisa.

O filho em cena: propostas novas e concretas

A importância do trabalho como atividade de integração social é lembrada. José Antônio, então, vislumbra perspectivas viáveis, destacando a facilidade de Eduardo Bruno para se apresentar, se fazer conhecer e ser aceito pelas pessoas: *"A gente pode querer isso para ele desenvolver. Se ele pudesse trabalhar, até de graça, pra mim não tinha problema nenhum".*

O pai pondera sobre tipos de trabalho, assinalando, a propósito, que o filho também tem dificuldades de controle motor. Relata que precisa até servir comida para ele, tamanha a falta de coordenação do jovem. Quando Eduardo Bruno está lidando com o computador, fica ligado; saiu dali, porém, não se fixa da mesma maneira em outras atividades. Gosta de jornal televisivo: ouve e repete as notícias sobre política e corrupção. No entanto não gosta de filmes. E volta às suas duvidas:

— Então, no resumo, no geral, a senhora acha que ele não lê, não?

— Ele usa muito as imagens. Quando a gente mostra um escrito que tem a ver com a imagem, ele acerta. Quando mostramos um escrito que não tem a ver com a imagem, ele tem dificuldade.

— Na prática, aqui na escola, a senhora acha que ele vai ter alguma evolução? Ou ele vai ficar desse jeito? Como se diz, o ano vai correr pra ele?

— Com relação ao que é exigido dele, não haverá mudança. O rendimento escolar não é o que deve ser avaliado no caso dele. O mais importante para ele é a promoção da escola de uma rotina e uma forma de convivência social com adultos e jovens da mesma idade, além das atitudes dos colegas com ele. Por outro lado, ele precisa de atividades para ensiná-lo a se virar na vida. Contar dinheiro, por exemplo. No caso, o recurso das imagens, das cores, dos desenhos, relacionar os animais com o valor das notas, tudo isso deve ser explorado. Pode ser um facilitador para ele aprender a reconhecer o valor e contar o dinheiro. Se as notas mudarem, não saberá mais. Terá que aprender de outro jeito. Nós olhamos os números, por isso nem sempre sabemos qual animal tem em cada nota. Ele olha a imagem. Um professor ou mesmo o senhor pode lhe ensinar. Você pode lhe dizer: "Olha, Eduardo Bruno, a nota de 10 é o..."

Imediatamente, o pai tira a carteira do bolso e começa a verificar como seria ensinar o filho a reconhecer o dinheiro pelas imagens. Cada nota é avaliada: o animal da nota de dois reais, depois a de cinco, depois a de dez... Reconhece, também, que a associação da cor com a imagem, com o que está escrito e com o significado de cada nota pode ajudar:

— Eu vou pegar essas notas e tirar um xerox, no tamanho delas. Mas a senhora acha que a evolução, no caso dele... Não podemos mesmo esperar muita coisa, né?

— Não. Mas nós podemos trabalhar no sentido da adaptação à vida. O que ele pode fazer?

Dessa forma, no tocante à aprendizagem, recomenda-se ao pai continuar a desenvolver, como já fazia antes, eventualmente, atividades para ajudar Eduardo Bruno a ser independente no que tem de fazer quotidianamente: identificar por cor e símbolos o ônibus que precisa tomar, contar dinheiro para pagar uma passagem, deslocar-se com segurança. Nesse sentido, o próprio interesse dele por caminhões pode ser explorado: "Eu posso também fazer ele decorar algumas coisas. O telefone de casa, por exemplo, ele já sabe porque decorou. Sabe o fixo, mas não sabe o celular".

Outro ponto abordado a seguir é a medicação. Necessária na primeira infância e suspensa depois, poderia, provavelmente, voltar a ser prescrita na adolescência, caso Eduardo Bruno começasse a apresentar algumas "estranhezas" ou irritabilidade exagerada. José Antônio relata, então, o que tem chamado de "uns problemas de nervosismo" do filho, que o levaram, recentemente, a consultar um neurologista, que, no entanto, não concluiu coisa alguma a esse respeito. Reconsiderando, contudo, a atual situação do filho, acaba por reconhecer que já é hora de procurar um psiquiatra para explicar por que esses problemas se têm manifestado cada vez com mais frequência e maior intensidade: "Ele fica irritado, fica bravo... Aí a gente tenta conversar, conversa muito. Daí a pouco, já está tudo bem. Ele vem, me abraça, abraça a mãe dele, pede desculpas... Logo fica irritado de novo, do nada".

Quase no final da entrevista, José Antônio tira da carteira diversas fotos 3x4 do filho, tiradas em diferentes épocas; ordena-as em ordem crescente de idade; em seguida, comenta uma por uma, testemunhando cada fase da vida de Eduardo Bruno. Nesse percurso, o histórico das doenças sucessivas e das repetidas recuperações também é mencionado: "É muito difícil! Precisam sugerir à escola o que fazer com meu filho".

No encerramento da entrevista, o pai reitera sua consideração de que a escola e o sistema educacional têm muitas limitações e pouco oferecem a deficientes físicos ou mentais. Por oportuno, a entrevistadora procura ressaltar uma mudança importante na lei: antes, crianças como Eduardo Bruno só frequentavam escolas restritas a portadores de quaisquer deficiências, que, nesse caso, podiam acabar incorporando dificuldades próprias a outros colegas; atualmente, ao contrário, todos os deficientes têm lugar garantido em escolas ditas "normais", em que os alunos não são retidos por falta de domínio dos conteúdos a eles transmitidos. Para se justificar tal mudança, destaca-se que o contato com outros saberes e a troca de experiências com colegas e professores são fundamentais. Mesmo assim, a equipe do Nipse promete-lhe orientar a Coordenação Pedagógica da escola para desenvolver, na Sala de Recursos, um trabalho educativo especial com Eduardo Bruno.

José Antônio agradece e, reflexivo, comenta poder ver que, no fundo, o filho tem muita afinidade com ele: "Aprendeu o meu trabalho, o que eu gosto. Na verdade, a afinidade é mais comigo... Onde eu vou, ele está comigo".

NOTAS

Apresentação

1. A Clínica Pragmática consiste na aplicação de referenciais derivados da noção de "psicose ordinária" formulada por Jacques-Alain Miller, para designar toda uma categoria de sujeitos que, sem o apoio do significante do Nome-do-Pai, encontram um modo de enlace sintomático singular para se manter bem. Essa noção, extraída da fase final do ensino de Jacques Lacan para a abordagem de novas formas de sintoma, enfatiza o funcionamento e não, a falta. Assim, a Clínica Pragmática visa mais à suplência que à interpretação. Privilegia o anodamento e todos os recursos do nó, do furo e do corte. Essa clínica torna-se capaz de demonstrar a função inventiva do sintoma, pois, embora mantenha a tendência natural do psicoterapeuta à cura e à reparação, sua prática se funda na separação e na suplência, o que, na perspectiva da atenção a novas formas clínicas, se apresenta como algo inusitado. A respeito ver: SANTIAGO, Ana Lydia. Efeitos da Apresentação de pacientes frente às exigências do mestre contemporâneo. In *Curinga*, n, 29, p. 135-148, dez/2009.

2. MILLER, Jacques-Alain. Rumo ao Pipol 4. *Correio*, revista da Escola Brasileira de Psicanálise, São Paulo, n, 60, p. 9, s.d.

3. *Ibid.*, p. 9.

4. *Ibid.*, p. 11.

5. *Ibid.*, p. 10.

6. A *Conversação* de orientação psicanalítica, segundo a proposição de Ana Lydia Santiago para a pesquisa/intervenção no campo da Educação, é concebida como uma prática da palavra para tratar manifestações indesejadas que resultam em insucessos e fracassos. Nesse sentido, busca-se uma mutação do falar livremente sobre problemas vivenciados por determinados sujeitos. O ponto de partida dessa prática é o sintoma, *"o que não vai bem"*, explicitado por meio de queixas repetidas. A aposta da *Conversação* resume-se a passar da queixa, que paralisa a ação dos professores e produz identificações indesejáveis para os alunos, a outro uso da palavra, em que a dificuldade toma a forma de questão e esta se configura em respostas, ou melhor, em *"invenções inéditas"* (SANTIAGO, Ana Lydia. *Educação de crianças e jovens na contemporaneidade*. Belo Horizonte: Editora PUCMINAS, 2011, p. 97).

7. A *Entrevista Clínica de Orientação Psicanalítica* é uma atividade inspirada na prática da *Apresentação de Pacientes,* porém não realizada em instituições especializadas no tratamento de "portadores de sofrimento mental". Consiste em efetivar conversas com alunos-problema. Os pesquisadores participantes do Nipse assistem

à entrevista, o que define a dimensão de formação desta atividade. Em alguns casos, os pais são convocados, também, para encontros paralelos. Nessa oportunidade, parte-se da queixa dos professores sobre os problemas diversos do aluno na escola. No curso da investigação, verificando-se que o problema é da ordem de um sintoma, que está se manifestando sob a forma de inibições ou de angústia, objetiva-se localizar uma identificação "mortífera". Na ocorrência de sintomas que se caracterizam pelo ativismo, sua contenção depende da nomeação do consequente modo de satisfação. A elaboração extraída da teoria psicanalítica da relação entre sexualidade e atividade intelectual serve de guia na abordagem de tal forma de inibição intelectual. Deve-se assinalar, a propósito, que o espaço escolar é privilegiado para a realização desse tipo de investigação clínica, uma vez que, para além do tempo de duração da entrevista, enseja-se testemunhar situações experimentadas, em cada um dos casos, pelos alunos ditos problemáticos tanto na sala de aula quanto na relação com outras crianças e com adultos em geral (SANTIAGO, *op. cit.*, p. 98).

8. MILLER, *op. cit.*, p. 11.

Introdução

1. BRASIL. Política Nacional de Educação especial na perspectiva da Educação Inclusiva (2008). Documento elaborado pelo Grupo de Trabalho nomeado pela Portaria Ministerial n. 555, de 5 de junho de 2007, prorrogada pela Portaria n. 948, de 9 de outubro de 2009.

2. ARENDT, Hannah. A crise na educação. Em: ARENDT, H. *Entre o passado e o futuro.* São Paulo: Perspectiva, 2011, p. 221-247. (Original publicado em 1954)

3. ARENDT, *op. cit.*, p. 226.

4. MILLER, Jacques-Alain. Em direção à adolescência. Disponível em: <minascomlacan.com.br>. Acesso em: 14 de maio de 2015.

5. LACAN, Jacques. *O Seminário, Livro 10, A angústia (1962-1963).* Rio de Janeiro: Jorge Zahar Editor, 2005, p. 138-139.

6. SANTIAGO, Ana Lydia. Laço social e discurso: o pai como semblante. *Latusa*, revista da Escola Brasileira de Psicanálise, Rio de Janeiro, n. 14, p. 133-151, nov. 2009.

7. Poder-se-ia usar, nesse caso, o termo "identificação", considerando-se que o processo assim designado se faz pela separação do Outro por meio de um objeto e da recusa de tal rótulo.

8. MILLER, Jacques-Alain. Rumo ao Pipol 4. *Correio*, n. 60, p. 15-21, s.d.

Caso I

1. MILLER, Jacques-Alain. Ler um sintoma. São Paulo, agosto 2011. Disponível em: www.ebpsp.org.br/index.php?option=com_content&view=article&id=579:ler--um-sintoma-jacques-alain-miller&catid=23:textos&Itemid=54

2. MILLER, Jacques-Alain. A criança e o saber. *Cien digital*, n. 11, p. 6, jan. 2012. Acesso: http://cien-brasil.blogspot.com.br/p/cien-digital.html

3. Como constatado em pesquisa sobre a abordagem clínica da inibição intelectual, os educadores que encaminham escolares para tratamento psicológico denunciam o fato de a terapia não surtir qualquer efeito sobre dificuldades escolares específicas a cada criança. Os psicólogos defendem-se de tal acusação, alegando que sua formação é clínica e não, pedagógica. Admitem, contudo, a necessidade da investigação de manifestações que, oriundas do processo de ensino/aprendizagem, se apresentam como demandas escolares. Nesse vai e vem, em que se procura a especialidade a se responsabilizar pela normalização da criança, a atenção recebida pelo aluno-problema não surte efeito sobre o sintoma propriamente em questão. A respeito, ver: SANTIAGO, Ana Lydia. *A inibição intelectual na psicanálise*. Rio de Janeiro: Jorge Zahar Editor, 2005. p. 26.

4. Esse procedimento consiste em realizar entrevistas com alunos-problemas. Em alguns casos, os pais são convocados a participar delas. Parte-se, sempre, da queixa de professores sobre as dificuldades da criança em foco e o objetivo, caso o sintoma se manifeste como inibição ou angústia, funda-se na busca de uma identificação mortífera ou, se ele se caracterizar por atuações comportamentais, concentra-se na tentativa de nomeação do modo de satisfação em jogo. Ver a respeito: SANTIAGO, Ana Lydia. Entre saúde mental e educação: abordagem clínica e pedagógica de sintomas na escola nomeados por dificuldades de aprendizagem e distúrbios de comportamentos. In: SANTIAGO, A. L.; CAMPOS, R. H. F. *Educação de crianças e jovens na contemporaneidade*. Belo Horizonte: PUC-Minas, 2011. p.93-98 .

5. FERREIRO, Emília; TEBEROSKY, Ana. *Psicogênese da língua escrita*. Porto Alegre: Artmed, 1999, p. 209. As autoras propõem avaliar o aprendizado da escrita com base numa escala de elaboração que comporta cinco níveis: dois níveis iniciais de escrita, que foram posteriormente designados de pré-silábicos, (3) hipótese silábica, (4) passagem da hipótese silábica para a alfabética e o (5) a escrita alfabética. O nível de hipótese silábica caracteriza-se pela tentativa da criança de atribuir valor sonoro a cada uma das letras que compõem uma escrita. Nessa fase, uma letra vale por uma sílaba.

Caso II

1. BINET, Alfred. "Les institutrices de la Salpêtrière: Notes sur l'éducation des enfants arriérés à l'École de la Salpêtrière", in *L'Année Psychologique*, Paris, *n*.11, p. 153, 1905. Citado por SANTIAGO, A. L. 2005.

2. FERREIRO, Emília; TEBEROSKY, Ana. *Psicogênese da língua escrita*. Porto Alegre: Artmed, 1999, p. 193.

Caso III

1 LACAN, Jacques. Nota sobre a criança (1969). *Outros escritos*. Rio de janeiro: Jorge Zahar Editor, 2003, p. 369.

Caso IV

1. Essa metodologia consiste em acompanhar a trajetória intelectual de crianças e jovens na resolução de um problema até o ponto de seu impasse. Ver a propósito: SANTIAGO, Ana Lydia. Entre saúde mental e educação: abordagem clínica e pedagógica de sintomas na escola nomeados por dificuldades de aprendizagem e distúrbios de comportamentos. In: SANTIAGO, A. L.; CAMPOS, R. H. F. *Educação de crianças e jovens na contemporaneidade*. Belo Horizonte: PUC-Minas, 2011, p. 97.

Caso V

1. LACAN, Jacques. Nota sobre a criança. *Outros escritos*. Rio de Janeiro: Jorge Zahar Editor, p. 369-370.

Caso VI

1. LACAN, Jacques. *O Seminário*, Livro (Inicial minúscula ou maiúscula?) 3, *As psicoses*. Rio de Janeiro: Jorge Zahar Editor, 1985, p. 44.

Conheça os outros títulos da
Coleção BIP – Biblioteca do Instituto de Psicanálise

• *A droga do toxicômano: uma parceria cínica na era da ciência*, de Jésus Santiago. 2ª edição revista. Belo Horizonte: Relicário Edições, 2017.

• *A distinção do autismo*, de Rosine Lefort e Robert Lefort. Tradução de Ana Lydia Santiago e Cristina Vidigal. Belo Horizonte: Relicário Edições, 2017.

• *Fundamentos da prática lacaniana: risco e corpo*, de Angelina Harari. Belo Horizonte: Relicário Edições, 2018.

Informações e vendas: www.relicarioedicoes.com

2ª EDIÇÃO [2018]

Esta obra foi composta em Minion Pro e Din sobre papel
Avena 80 g/m² para a Relicário Edições.